매일, 조금씩
자신감 수업

독일 대표 심리학 박사 지바우어·야코프와 함께하는

매일, 조금씩
자신감 수업

라우라 지바우어·기타 야코프 지음 | 최린 옮김

시목 始木

자신감을 가지면
삶이 달라진다

자신감은 행복한 삶을 위한 필수 요소

이 책을 집어 든 당신은 스스로 자신감이 부족하다고 여기며, 자신감이 부족해서 여러 나쁜 일들을 겪은 사람일 것이다. 약간 화려한 원피스를 사놓고 막상 창피할 것 같다는 생각에 옷장에만 걸어놓았다가 결국 입지 못한 경험, 회의 시간에 직장 동료들의 눈빛을 견뎌내기 힘들었던 경험, 친구의 모욕적인 말에 한 마디 반박도 하지 못하고 크게 상처 입었던 경험 등등. 그렇다면 이 책은 정말 탁월한 선택이다.

라우라 지바우어와 기타 야코프는 현재 독일에서 상담 및 연구를 누구보다도 활발히 하는, 말 그대로 현장에서 뛰고 있는 학자들이다. 이들은 본래 전문적인 대학 교재를 주로 집필해왔다. 그러나 오랜 상담을 하면서 일반인들도 손쉽게 따라 할 수 있는 '자신감 솔루션'이 필요하다고 생각해, 풍부한 사례와 연구 결과를 토대로 이 책을 썼다.

자존감은 자신감에 포함된 개념

중요한 용어에 대한 설명을 하겠다. 이 책의 제목이 《자신감 수업》
이라, 많은 이들이 이 책에서는 자신감에 대한 것만 다룬다고 생
각하기 쉽다. 하지만 이 책이 이야기하는 자신감은 '자존감'이 포
함된 개념이다.

필자들은 자신감을 '외부를 향한 자신감'과 '내면의 자신감'으
로 구분했다. '외부를 향한 자신감'은 어떤 행동을 자기 뜻대로 대
범하게 할 수 있는 힘으로, 한국 사람들이 말하는 '자신감'과 같은
뜻이다. 한편 '내면의 자신감'은 내가 누군지 잘 알고 그대로 수용
하는 것을 말하는데, 이것이 바로 우리나라에서 한창 화두가 되고
있는 자존감과 같은 개념이다.

고민 끝에 '내면의 자신감'을 자존감으로 번역하는 대신, 필자
들의 의도를 살리기 위해 그대로 직역했다. 이를 유념하며 읽으면
큰 도움이 될 것이다.

자신감, 내 삶을 능동적으로 바꾸는 힘

이 책은 탄탄한 이론을 기반으로 하면서도 심리학을 모르는 독자들이라도 쉽게 따라 할 수 있게 구성돼 있다. 어디든 가지고 다니며 몇 번이고 반복해서 읽으며 일상생활에 적용해보길 바란다. 특히 '하루 5분, 자신감 연습'은 반드시 직접 해보기를 추천한다.

이 책의 풍부하면서도 생생한 사례들을 번역하며, 주변 사람들이 정말 많이 생각나서 깜짝깜짝 놀라곤 했다. 자신감의 문제가 국경·성별·연령을 초월한 모든 사람들의 문제임을 알고, 편안한 마음으로 이 책을 읽어나가기 바란다. 자신감이 차오르고 궁극적으로 내 삶을 능동적으로 바꿀 수 있을 것이다.

최린

소심함과 결별하고 자신감을 맞이하라

자신감이 중요하고, 삶의 많은 문제와 관련이 있다는 건 누구나 본능적으로 느낀다. 그러나 자신감, 자의식, 자부심 같은 단어들이 정확히 무엇을 의미하는지 이해하는 건 쉽지 않다. 각 단어들을 정의하려는 시도는, 마치 벽에 박힌 못에 푸딩을 걸어놓으려는 것처럼 불가능해 보인다. 자신감이 서로 다른 의미를 포괄하는 넓은 개념이기 때문이다. 무엇보다도 자신감에 대한 '느낌'이 사람마다 다르다. 누군가는 자신감을 스스로 괜찮은 사람으로 느끼는 것, 혹은 모든 것이 제자리에 있다는 느낌으로 이해한다. 하지만 누군가에게는 설득력을 갖게 되거나 심지어 우세한 위치를 차지함을 의미한다. 또 누군가는 자신의 존재를 정의하고 삶에서 이루려고 하는 것을 알아내는 데 유용한 개념이라고 생각한다.

고민 끝에 우리는 자신감이라는 주제에 매우 폭넓게 접근해, 자신감을 다양한 방향에서 독자와 함께 이해하는 방식을 취했다. 스스로에게 중요한 게 무엇인지 직접 알아낼 수 있도록 하기 위함이다.

이 책은 기본적으로 순서대로 읽으면 되지만, 특히 관심이 가는 부분을 골라서 읽을 수도 있도록 독립적으로 서술돼 있다. 다른 장에 서술된 내용을 알아야 할 필요가 있다면 그 부분을 읽어볼 수 있도록 일일이 언급했다. 내용을 샅샅이 살피며 읽은 후 스스로를 분석하는 것도 의미 있는 작업이다. 또한 스스로에게 중요한 주제는 몇 번씩 반복해서 읽고 실천하는 것이 좋다.

각각의 장에는 자신감의 이론은 물론, 주제를 보다 분명하게 해주는 다양하고 풍부한 사례를 제시했다. 모든 사례는 실제 환자를 모델로 했지만 분명히 가상이다. 또한 꼭지마다 나오는 '하루 5분, 자신감 연습'은 일상생활에서 해볼 수 있는 실천법으로, 반드시 직접 해보기를 권한다.

오랜 상담 및 치료 경험에 따르면, 단번에 강한 자신감을 갖는 건 비현실적인 목표다. 꾸준함만이 변화를 가져올 수 있다. 그리

고 정말 중요한 건, 당신의 타고난 기질과 살아오면서 경험한 것
들을 존중하며 진짜 나를 찾아내는 것이다. 이런 자세로 이 책을
읽고, 실천하고, 기쁨을 느끼기 바란다.

프라이부르크와 함부르크에서

라우라 지바우어 · 기타 야코프

차례

자신감 테스트

책을 읽기 전, 간단한 테스트를 통해 당신이 얼마나 자신감을 가지고 있는지 알아보자. 각 질문에 대한 맞는 숫자에 체크해본다.

	전혀 아니다	그렇지 않은 편이다	부분적으로 그렇다	그런 편이다	확실히 그렇다
지금 내린 결정을 나중에 후회할까 봐 걱정한다	5	4	3	2	1
무언가 중요한 것을 하기 위해서는 꺼림칙한 부분이 조금이라도 있어서는 안 된다	5	4	3	2	1
내가 원하지 않을 때는 '아니오'라고 말할 수 있다	1	2	3	4	5
내가 누구인지 알고 있다	1	2	3	4	5
내가 저지른 실수를 인정하기 어렵다	5	4	3	2	1
새로운 일을 해보는 것이 두렵다	5	4	3	2	1
나는 그렇게 매력적이지 않고, 남들의 흥미를 끌지도 못한다	5	4	3	2	1
내 의견은 중요하다	1	2	3	4	5
다른 사람들이 나를 하찮게 평가할까 봐 걱정된다	5	4	3	2	1
내가 무엇을 원하는지 알고 있다	1	2	3	4	5

평가

체크한 점수를 모두 합해본다.

10-20점   물론 지금 당신의 자신감은 강하지 않다. 하지만 이 책을 집어든 당신은 자신감을 키울 것이라 결심했고, 이는 좋은 일이다. 첫걸음을 뗀 것은 아주 잘한 일이다. '자신감 있는 삶'의 모습을 2장에서 구체적으로 그려보자.

21-40점   다른 사람들 대부분 당신과 비슷하다. 어떤 부분에서는 자신의 관심사나 이익을 위해 적극적으로 행동하지만, 그럼에도 불구하고 종종 불안해한다. 하지만 당신은 자신의 어떤 점을 바꾸고 싶은지 이미 알고 있다. 3장을 읽으면서 자신감을 방해하는 것들이 무엇인지 파악하고, 이를 극복하는 법을 배워보자.

41-50점   당신은 이미 자신감이 크고, 자신의 관심사를 위해 행동하고 있다. 대부분의 상황에서 스스로에 만족하며 빛을 발하고 있다. 이런 상황이라면 건강한 자신감을 키우기 위해 더 구체적인 부분까지 들어가도 된다. 4장에서 자신을 발견해보고, 6장에서 비판에 대응하는 법을 배워보자.

Chapter 1

자신감이 뭐길래

이 책은 당신이 자신감이 뭔지 알고 자신감을 가지도록 도와줄 것이다. 이를 통해 당신은 스스로를 좀 더 잘 파악하고, 희망사항이나 필요한 것을 더 잘 알아채며, 스스로의 약점을 기꺼이 인정할수 있다. 그러면 타인과의 관계에서 더 자신 있게 행동하고, 자신의 의견을 더 당당하게 이야기하고, 자신에게 불리한 상황이 닥쳤을 때 '아니오'라고 말할 수 있을 것이다.

자신감이란
무엇인가

자신감과
자존감

　　　　　　　우리 사회는 '자신감'에 큰 의미를 둔다. 사회적으로는 자신감 있는 태도가 바람직하게 여겨지는 한편, 개인적으로는 좀 더 자신 있는 모습을 보이려고 애쓴다. 많은 사람들이 모임이나 직장 등 타인과의 관계에서 좀 더 자신 있게 행동함으로써 자신의 이익에 도움이 되기를 바란다.

　그러나 이것은 자신감의 이차적인 부분에 불과하다. 최우선적으로는 타인과의 관계를 잘 견뎌내기 위해 자신감이 필요하다. 당신은 자신의 의견을 표현하기 위해 자신감이 필요했던 상황을 여러 번 경험했을 것이다.

자신감에는 두 가지 측면이 있는데, '내면의 자신감(자존감 — 옮긴이)'과 '외부를 향한 자신감'이 그것이다. 이 둘은 동전의 양면과 같아서, 하나가 없으면 나머지 하나도 기능을 발휘할 수 없다.

우선 내면의 자신감부터 살펴보자. 이는 내면의 침착함, 독립성, 강한 힘으로 정의할 수 있다. 자신감 있는 사람은 자신의 강점과 약점을 잘 알고 있으며, 모두 자신의 일부로 받아들인다. 이를 보통 자의식이라고 부른다. 이 자의식은 자신에 대한 신뢰와 기대를 포함하고 있어서, 스스로가 세운 목표에 도달하고 어려운 장애물을 잘 넘길 수 있도록 한다. 또한 자신이 무엇을 필요로 하는지 쉽게 파악할 수도 있다. 또한 자신감 있는 사람은 성공과 실패로부터 자유롭고 어떤 상황에서도 자신의 가치를 인정할 줄 안다. 이를 자긍심이라고 한다.

외부를 향한 자신감은 좁은 의미의 자신감에 해당한다. 타인과 맞서 자신이 원하는 걸 얻어내는 경쟁력을 말한다. 물론 지나치게 공격적인 행동과는 구분된다. 자신감 있는 사람은 침착함을 잃지 않으면서 다른 사람들의 의견에 좌우되지 않고 자신의 행동을 유지할 줄 안다. 자신감 있는 태도는 등을 곧게 편 몸가짐이나 명확하고 확신에 찬 말투 등으로 표현한다.

자신감을 나무라고 상상해보자. 뿌리는 내면의 자신감이며, 줄기와 가지는 외부를 향한 자신감이다. 줄기와 가지는 겉으로 보기에 확고하고 강한 모습을 갖고 있다. 강한 바람이 불면 당연히 나무가 심하게 흔들리지만, 뿌리가 굳건히 버티면 나무가 뽑히지 않는다.

생각보다
쉽게 무너지는 자신감

리자는 28살의 판매부장이다. 그녀는 지난 몇 년 동안 상사의 전폭적인 지원을 받았고, 단기간에 책임이 막중한 자리에 오르게 됐다. 리자는 친한 친구인 티나와 함께 살고 있는데, 티나는 현재 남자친구와 그리 사이가 좋은 편이 아니다. 티나는 리자가 항상 자신 있게 살아가는 걸 부러워한다. 실제로도 리자는 매우 자신감이 넘친다. 그녀를 궤도에서 완전히 이탈하게 만든 그 바보 같은 사소한 일이 아니었다면 말이다.

얼마 전 일이다. 리자는 직장에서 스트레스를 심하게 받았다. 그럼에도 불구하고 주어진 모든 업무를 잘 마쳤고, 팀 회의에서 그녀가 한 제안을 상사도 수긍하며 결국 인정받았다. 몸은 젖은 솜처럼 무거웠지만 리자는 스스로에게 만족하며 사무실을 나섰고, 티나와 햇볕 아래에서 아이스크림 먹을 생각을 위안으로 삼았다. 두 친구가 잔디밭에 편하게 앉아 석양을 즐기며 아이스크림을 먹고 있을 때, 한 청년이 리자에게 소리쳤다.

"이봐, 뚱보 아가씨! 나 같으면 그 아이스크림의 반을 가게에 기부하겠어!"

그는 이렇게 말하며 도망갔고, 그의 친구들은 낄낄거리며 웃었다. 리자는 무안해져서 얼굴이 칠면조처럼 새빨갛게 변했다. 리자는 남자에게 "네 걱정이나 해!" 하고 맞받아쳐 가까스로 상황을 모면할 수 있었다. 하지만 갑자기 너무 불편하고 불쾌해져서 집에 가고 싶어졌다. 방금 전까지만 해도 성공적으로 하루를 마친 스스로에게 만족하고 있었는데 말이다.

동시에 리자는 자신에게 엄청나게 화가 났다. 자신보다 훨씬 능력 없어 보이는 멍청한 남자가 장난삼아 던진 바보 같은 말 한마디에 어떻게 자신의 자의식이 쓰레기통 속에 처박힌 느낌을 받고, 마치 6살짜리 아이처럼 뾰로통해진단 말인가! 그런 수준의 모욕은 그냥 무시하고 넘길 수 있어야 하지 않나?

보통 사람들은 평소에 자신의 의견을 정확하고 거침없이 표현하는 데 아무런 문제가 없다. 특히 친한 사람들 앞에서는 더욱 그렇다. 그러나 모르는 사람에게 중요하지도 심각하지도 않은 말을 들었을 때, 햇볕 아래 아이스크림이 녹듯이 자신감이 사라지는 경우가 있다. 다들 겪는 일이다! 자신감은 크기가 정해져 있는 게 아니라, 그날의 상황에 따라, 특히 상대에 따라 달라진다. 자신의 경우를 곰곰이 생각해보자.

· 어떤 경우에 당신의 자신감이 흔들리나?

- 어떤 말을 들었을 때 자신감이 떨어지나?
- 자신감을 순식간에 빼앗아가는 사람은 누구인가? 도대체 어떻게 이것이 가능할까?

자신감이라는 주제를 다루면서 어떤 경우에 쉽사리 자신감을 잃는지에 대해 먼저 얘기를 꺼내는 것이 이상하게 생각될지도 모르겠다. 그러나 자신의 아킬레스건을 아는 건 매우 중요하다! 무엇 때문에 자신감을 잃는지를 정확하게 파악하고 있으면, 그런 상황에 처했을 때 당황하지 않고 재빨리 대응하고, 불안이 생기지 않도록 스스로를 조절할 수 있다. 최선의 대응책에 대해서는 3장에서 자세히 다룰 것이다.

자신감의
네 가지 구성요소

**자신감을
구성하는 것들**

　　　　　　　자신감을 정확하게 이해하려면 자신감을 구성하는 모든 요소들을 자세히 들여다봐야 한다. 자신감은 다음의 네 가지로 구성돼 있다.

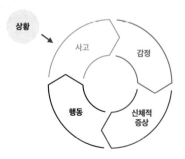

이 네 가지 영역은 서로 밀접하게 연결돼 있기 때문에 어떤 한 영역, 예를 들면 자신감 없는 '행동'이 변하기를 바란다면, 사고·감정·신체적 증상 모두를 바꿔야 한다. 그렇다면 이것들은 어떻게 서로에게 영향을 줄까?

자신감의 구성요소가
서로 주고받는 영향

특정한 상황에 맞닥뜨리면 사람의 사고체계는 거의 반사적·자동적으로 작동한다. 사고는 감정, 신체적 증상, 행동에 차례대로 영향을 끼치고, 이렇게 변한 행동은 다시 사고에 영향을 끼친다.

몇몇 사람들이 모여서 대화를 하는데, 누군가 당신을 자꾸 쳐다보면 당신의 사고체계가 작동한다. "나를 반가워하는구나."라는 긍정적인 생각을 할 수도, "분명히 내 흉을 보는 거야."라는 부정적인 생각을 할 수도 있다.

그다음에는 사고에 따른 감정을 느끼게 된다. 긍정적인 생각에는 소속감과 기쁨이, 부정적인 생각에는 소외감·수치심·슬픔이 따라온다.

그리고 감정에는 특정한 신체적 증상이 동반된다. 특히 부정적인 감정에는 땀이 나거나, 심장이 심하게 뛴다거나, 목이 메는 듯하고, 숨을 쉬기가 힘들어지는 등의 증상이 딸려온다.

감정과 신체적 증상은 행동에 결정적인 역할을 한다. 어느 조직이나 모임에 소속감을 느끼고 기뻐하면, 그 모임에 긍정적이고 열린 마음으로 다가서며 전혀 주저하지 않고 어울릴 수 있다. 그러나 소외감, 수치심, 슬픔이 느껴지면 어떨까? 겉돌게 된다.

그리고 행동은 다시 사고에 영향을 끼친다! 그 모임 속에 앉아 다른 사람들과 활발하게 말을 하면 "좋아, 여기 오길 잘했어!" 혹은 "다른 사람들도 나를 좋아하는 거야."라고 긍정적으로 생각하게 된다. 하지만 모임에서 겉돌고 기꺼이 어울리지 못하면 "사람들이 관심을 가질 만한 얘깃거리가 생각나지 않아." 혹은 "난 이 모임에 어울리지 않아."와 같은 생각을 하게 된다. 그리고 순환의 첫 고리를 잃어버리고 부정적인 쪽으로만 생각이 강화된다.

몇 년 전 치유 모임에서 안나는 자신감을 갖기 위한 연습과 훈련에 집중했다. 그 결과 안나는 이제 대부분의 상황에서 어느 정도 자신감을 느낀다. 그녀는 자신의 삶에 비교적 만족하며, 좋은 직장에 다니고 친구들도 많다. 예쁘고 성격도 쾌활하며, 항상 재미난 계획을 세워서 친구들에게 환영받는다. 그런데 남자와의 관계만큼은 전혀 자신이 없고 12살 소녀처럼 잔뜩 소심해진다. 객관적으로 볼 때 뚜렷한 이유가 없는데도, 안나는 한 번도 남자친구를 사귄 적이 없다. 일단 남자를 만나기 시작하면, 안나는 부정적인 생각만 한다.

"이 남자가 하필이면 왜 나한테 관심이 있는 거지?"

"남자를 사귀어야 할까? 아직 확신이 없어."

안나의 부정적인 생각이 어떻게 현실이 되는지 알아보자.

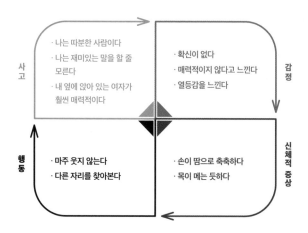

부정적으로 생각을 하다 보니 안나는 어느 남자에게도 관심이 없는 것처럼 보여서, 결국 어떤 남자도 그녀에게 용기를 내 말을 걸 엄두를 내지 못한다.

생각·감정과 신체적 반응을 동시에 조절하지 않으면 자신 있게 행동하기 어렵다. 이 책에서는 이 모두를 포괄하는 방법을 알려줄 것이다. 우선 부정적인 생각의 배경을 알아내 미리 차단하는 법을 배울 것이다. 또한 부정적인 감정을 근원부터 변화시키는 연습도

해볼 것이다. 당연히 구체적인 행동을 고치는 연습도 하고, 새로운 행동방식을 계획하고 실행하는 방법도 배울 것이다. 이 모두를 수행하면 지속적이고 안정적인 자신감을 가질 수 있다.

하루 5분, 자신감 연습 01

생각의 영향력 알아보기

눈을 감고 다음의 상황을 상상해보자.

직장에 새로 직원이 입사했다. 팀 회의에서 공식적으로 신입 직원을 소개받았고, 당신은 그 사람에 대해 조금 더 개인적으로 알고 싶어졌다. 그에게 다가가서 자신을 소개한다. 하지만 그는 인사를 나누는 내내 바닥만 쳐다본다.

이제 다음의 생각들을 차례로 곰곰이 음미해보자. 각각의 생각에서 어떤 감정이 생기는지, 그리고 이를 근거로 자신이 어떻게 행동하게 될지 주의해서 예측해보자.

생각: "이 사람, 정말 무례한데!"

감정:

행동:

생각: "이 사람, 나한테는 아무 관심이 없네."

감정:

행동:

생각: "이 사람, 부끄러움을 많이 타나 보네."

감정:

행동:

건강한 자신감을 해치는
나르시시즘과 불안

들쑥날쑥,
자신감의 양

자신감은 항상 일정 수준으로 유지되는 것이 아니라 연속적인 속성을 가진다. 사람들은 누구나 어떤 때는 자신감에 가득 차지만, 어느 순간 자신감이 없어진다. 특히 예상치 못한 비난을 받으면 순간적으로 엄청나게 위축된다.

심리학에서는 지나친 자신감을 지닌 상태를 나르시시즘이라고 말한다. 그 반대는 불안이다.

너무 적을 때   적당할 때   지나칠 때
불안한 성격장애   정상적인 범주   **나르시시즘적인 성격장애**

나르시시즘

누군가를 가리켜 나르시시스트라고 부르는 걸 들어봤을 것이다. 자신감을 지나치게 강하게 표현하고, 자신이 원하는 것을 꼭 얻어내려고 애쓰며, 반대로 다른 사람들의 가치와 의지는 낮게 평가하는 사람을 일컫는다. 겉으로 드러나는 나르시시즘의 특징을 자세히 알아보자.

나르시시스트는 대체로 거만하고, 자신이 이룬 일이나 능력을 과대평가한다. 엄청난 성공, 권력, 탁월함에 대한 환상을 가지고 스스로를 매우 특별한 사람으로 여기기 때문에 특별한 사람들하고만 어울리려 한다. 또한 다른 사람들이 자신을 칭찬하고 특별대우해주기를 원하면서, 다른 사람들의 감정과 욕구는 인정하지도 신경 쓰지도 않는다. 아주 질투가 심하고, 다른 사람들이 자신을 시기한다고 생각한다. 심리학자들은 이런 경향이 매우 명백하게 나타나는 사람을 가리켜 '나르시시즘적인 성격장애'를 가지고 있다고 말한다.

그런 성격을 가진 누군가가 생각나는가? 그렇다면 그 사람이 평소에 교만하게 행동하는 탓에, 다른 사람들이 그를 좋아하지 않는다는 사실을 떠올릴 수 있을 것이다. 나르시시즘에 빠진 사람은 타인에게 강한 인상을 줄 정도로 큰 자신감에 차 있다. 그런데 사실 마음속의 불안을 숨기기 위해 과장되게 허풍을 떠는 경우도 매우 많다.

콘스탄체는 성공한 바이올리니스트의 딸이다. 아주 어렸을 때부터 콘스탄체는 다른 사람들에게 특별한 인상을 주기 위해 자신감 있게 행동하도록 교육을 받았다. 그녀의 엄마는 딸을 대할 때도 항상 과도하게 자신감에 차 있었으며 딸에게도 여러 가지를 요구했다. 콘스탄체는 엄마의 높은 기대를 만족시키지 못할까 봐 항상 걱정했다. 사실 마음속으로 그녀는 자신이 영리하거나, 재능이 많거나, 매력적이라고 생각해본 적이 거의 없었다. 성공하리라는 확신도 없었다. 그러나 다른 아이들 앞에서는 매우 자신 있고 교만하게 행동했다. 대학에서도 콘스탄체는 다른 학생들과 거리를 두며 지냈고, 마치 평생을 그렇게 살아온 것처럼 특별대우를 요구했다. 그러나 이것이 생각대로 되지 않고 학업마저 좌절될 위기에 처하자, 그녀는 삶의 큰 위기를 맞이했다고 느꼈다. 우울함에 사로잡혔고, 무너져 내렸다.

심각한 불안

강한 불안('불안정 성격장애'의 극단적인 예와 함께)을 느끼는 사람들은 삶을 영위하는 것을 방해할 정도로 자신감이 부족하다. 이들은 나르시시스트들과는 정반대로, 부족한 자신감과 심각한 불안 때문에 고통스러워한다. 비난을 받거나 거절을 당할까 봐 끊임없이 걱정하고, 새로운 일과 경험, 낯선 사람들과의 만남에 매우 소극적이다. 늘 어떤 일에나 주저하며 열등감을 느끼고 혹시 모욕을 당하지는 않을까 걱정한다.

넬리는 32살이며 철학과 역사를 전공하고 있다. 이것은 그녀의 두 번째 전공이다. 첫 번째 전공인 종교교육을 수료하고 난 뒤 그녀는 이 전공이 자신에게 적합한지 확신이 없었고, 생각 끝에 전공을 바꿨다. 그녀는 계속 공부할 수 있다는 것에 오히려 안심했는데, 일자리를 구할 수 없을까 봐 심하게 걱정했기 때문이다. 그녀는 새로운 대학에서 사람을 쉽게 사귀지 못했다. 다른 학생들이 서로 거리낌 없이 대화하는 것을 볼 때마다 그녀는 자신이 위축되는 걸 느꼈다. 자신이 항상 혼자 있는 걸 다른 학생들이 눈치채지 못하도록 화장실에 숨곤 했다.

사실 넬리는 금세공사가 꿈이었다. 그 분야에 꽤 소질이 있었지만 자신에 대한 신뢰가 없었다. 실습 시간에 항상 자신의 작품을 남들의 작품과 비교하며 부끄러워하곤 했다.

지금까지 언급한 내용 중에 당신에게도 해당하는 점이 있을 것이다. 하지만 그렇다고 지나치게 걱정할 필요는 없다. 모두들 그런 면을 갖고 있고, 일정 부분 자신의 이야기라고 느낀다. 중요한 건, 자신이 원하는 대로 살아갈 수 없을 정도로 지나친 불안을 느끼지 않는 것이다.

건강한
자신감이란

　　　　　　　건강한 자신감은 앞에서 살펴본 나르시시즘과 강한 불안, 두 극단적인 경우의 중간쯤에 놓여 있다.

건강한 자신감을 가진 사람은 자신의 강점과 약점을 잘 알고 그것을 수용할 줄 안다. 자신이 무엇을 필요로 하는지를 알고, 그것을 실현할 수 있다고 믿는다. 또한 '아니오'라고 말할 줄 알며, 다른 사람이 화를 내더라도 견딜 줄 안다. 자신이 잘 할 수 있는 일이 아니더라도 시도해보는 걸 주저하지 않는다.

건강한 자신감을 가지면 불안과 걱정으로 상황을 악화시키지 않고 다른 사람들과 함께 지내는 시간을 즐길 수 있고, 삶의 전반에 만족하게 될 것이다. 이는 먼 목적지처럼 보일 수 있다. 그러나 걱정하지 말자! 이 책이 제시하는 대로 생각을 바꾸고, 나만의 목표를 찾고, 나아가 행동을 변화시키면 누구나 건강한 자신감을 키울 수 있다. 자신만의 속도로 한 걸음씩 나아가도록 하자.

Chapter 2

내가 원하는 '자신감 있는 삶'

당신은 자신감을 얻고 싶어서 이 책을 집어 들었다. 많은 사람들이 '자신감이 있다'는 게 어떤 건지 확실히 안다고 생각한다. 그러나 좀 더 곰곰이 생각을 해보면 자신감이 있다는 게 대체 어떤 건지 구체적이지 못하고 애매하다는 걸 알게 될 것이다.

자신감을 갖는다는 건 무엇을 의미하는 걸까? 그리고 자신감을 가짐으로써 내가 정말 이루고자 하는 건 무엇일까?

내가 진짜로 원하는 게
무엇일까

어떤 삶을 살기를
바라는가

당신은 자신감을 키우는 구체적인 방법을 빨리 배우고 싶을 것이다. 그러나 자신감을 가지는 것 자체는 궁극적인 목적이 될 수 없다. 당신이 자신감을 가짐으로써 인생을 긍정적인 방향으로 바꿔나가기 위해 이 책을 집어 들었다면 우선 어떤 삶을 살기를 원하는지 명확히 알고, 자신감을 가지고 이루고자 하는 것이 무엇인지부터 찾아야 한다.

그런데 막상 "어떤 삶을 살기를 바라는가?"라는 질문에 대답하기란 쉽지 않다. 그런 생각을 해본 적이 없기 때문이다. 또한 자신의 삶을 객관적으로 보기도 쉽지 않다.

다행히도 남은 인생을 어떻게 살아가야 할지를 고민하는 사람들을 돕는 간단한 연습이 있다. 이 연습을 '80살 생일'이라고 부르겠다. 80살이 돼서 자신의 삶을 돌아보며 만족하려면 어떻게 살아가야 할까?

상상 연습: 80살 생일

방해받지 않을 만한 조용한 장소를 찾는다. 편안한 의자도 좋고, 소파도 괜찮다.

앉거나 누운 후, 눈을 감고 깊은 숨을 쉰다. 조용히 스스로의 감정과 소망을 만나기 위해, 숨이 어떻게 몸 안으로 들어가고 나가는지를 잘 살핀다.

그리고 미래로 여행을 떠난다. 80살 생일로 가보는 것이다. 물론 90살이나 100살이라고 상상해도 좋다. 이날을 어떻게 보내고 싶은지 상상하자. 생일 파티가 열릴까? 누구와 함께 이날을 보내고 싶은가? 남편 혹은 아내, 아니면 아이들, 친구들, 동료들 혹은 다른 동반자가 함께하게 될까? 그때까지 누가 당신의 인생에서 중요한 역할을 하게 될까? 어디에서 생일을 보내고 싶은가? 집에서? 야외에서? 아니면 외국에서?

생일 파티가 열린다면 여기에 참석한 사람들 중 누가 발언하게 될지 상상해보자. 생일을 축하하는 짧은 연설을 누군가는 할 것이다. 그는 당신에 대해 무슨 말을 할까? 당신의 어떤 면이 특히 인정받게 될까? 당신은 직업적으로 성공했을까? 용감했고 사랑스러웠으며, 유쾌하고, 남들을 세심하게 대했을까?

생일 파티에 참석한 손님들에게 무슨 말을 하고 싶을까? 당신은 삶에서 무엇을 중요하게 생각했는가? 후회되는 점이나 이루지 못한 목표가 있을까?

80살 생일에 만족스럽게 인생을 뒤돌아보려면 어떻게 살아야 한다고 생각하는가?

중요하게 여기는 모든 걸 다 상상했다면, 아름다운 광경과 함께 연습을 끝낸다. 잠시 호흡에 집중하고, 그리고 지금 여기, 현재로 돌아오자. 자신의 속도에 맞추는 것이 중요하다.

많은 사람들이 이 연습을 하는 과정에서 슬픔을 느끼곤 하는데, 누구도 피할 수 없는 삶의 끝과 정면으로 마주하기 때문이고, 삶의 몇몇 부분에서는 원했던 방향으로 살아오지 못했기 때문이다. 하지만 슬픔은 분명히 그만의 역할을 한다. 상실한 것이나 잃어버린 기회에 대해서 충분히 슬퍼해도 된다. 이 슬픔에도 불구하고, 혹은 바로 그 슬픔 때문에 남은 인생을 어떻게 원하는 대로 살아갈 것인지에 대해 긍정적인 목표를 세울 수 있기 때문이다. 다시 말해, 연습하는 동안 자신에게 어떤 가치가 특히 중요한지가 더 명확해졌다는 뜻이다.

29쪽에서 살펴본, 자신감 있어 보였지만 실은 스스로에 대한 의심과 우울 때문에 괴로워하는 콘스탄체가 '80살 생일' 연습을 어떻게 했는지 살펴보자.

연습을 시작하기가 처음엔 쉽지 않았다. 콘스탄체는 이제 겨우 20대 초반이었다! 그래도 그녀는 천천히 상상 속으로 들어갔다. 콘스탄체는 결혼을 해서 아이를 가졌고, 아들 하나와 딸 하나를 뒀다. 가족은 특히 중요하다. 딸에게 과도한 기대를 하며 많은 것들을 요구했던 자신의 엄마와는 정반대로, 콘스탄체는 자신의 아이들과 친밀한 관계를 가지려 노력했다. 그녀는 우선 강하면서도 사랑이 가득한 엄마로 자신의 아이들에게 좋은 모범을 보이려고 해왔다. 그녀의 딸은 현재의 그녀 자신처럼 자신에 대한 의심으로 고통 받아서는 안 됐기 때문이다. 콘스탄체는 딸이 다른 사람과 자신을 비교하면서 살기를 원하지 않았고, 그럴 필요가 없다는 걸 꼭 알려주고 싶었다. 그녀의 딸은 자신의 있는 그대로의 모습에 만족하고, 자신을 가치 있게 느껴야 하며, 자신의 외모와 실력에 대해 항상 의심하며 살아서는 안 됐기 때문이다. 딸은 자신과 모든 것이 달라야 한다.
연습 후, 콘스탄체는 자신이 발견해낸 사실에 대해 당황했다. 그녀가 상상해낸 딸의 삶에서 자신이 어떻게 살고 싶은지가 명확하게 나타났기 때문이다.

이 연습을 하면 부정적인 생각과 어느 정도 거리를 두고 객관적으로(콘스탄체의 경우 딸의 시각으로) 자신을 볼 수 있다.

**내게 더
자신감이 생긴다면**

방금 '먼 미래로부터' 생각해봤을 때 자신의 삶에서 어떤 가치와 목표가 중요한지를 알아봤다. 이제 목표와 가치를 실현하기 위한 구체적인 방법과 긍정적인 비전이 필요하다. 어디를 향해야 하는지를 더 정확하고 구체적으로 알수록, 삶에 실질적인 변화를 가져오기가 더 쉬워진다. 그러면서 삶의 전망을 세우는 작업을 하는 데 도움도 받을 수 있다.

이제 다음의 자신감 연습을 해보자. 자신감이 더 생긴다면, 삶이 구체적으로 어떻게 보일까?

하루 5분, 자신감 연습 03

내게 자신감이 생긴다면 벌어질 일

착한 요정이 다가와서 '당신의 자신감을 키워주겠다'라고 밀했다. 잠시 후, 요술처럼 당신의 가슴에 자신감이 가득 차올랐다!

매일 조금씩, 자신감 수업

제일 처음, 당신은 자신감 있게 무엇을 하게 될까?

나의 어떤 강점과 자질을 특별히 보여주게 될까?

자신감이 더 생긴 것을, 가족·친구·동료들에게 어떤 식으로 알릴까?

가장 먼저 내 변화를 알아차리는 사람은 누구일까?

나는 어떤 식으로 행동하게 될까?

이번 자신감 연습은 삶에서 구체적으로 무엇이 변해야 하는지를 정확히 이해하도록 도와준다. 가장 먼저 무엇을 변화시켜야 하는지, 내게 가장 중요한 사람은 누구인지, 어떤 상황이나 일을 특별히 다뤄야 할지를 손쉽게 알게 된다.

갑자기 자신감이 더 생긴다면, 파비안은 아버지가 이 변화를 가장 먼저 알아챌 것이 분명하다고 생각했다. 그는 대학을 그만두고 대신 물리치료사 교육과정을 이수할 거라고 아버지한테 알릴 예정이다. 물리치료사로 일하면 파비안은 자신의 강점, 다양한 사람들과의 만남(파비안이 아주 좋아하는 일이다), 그리고 지구력을 요하는 운동에 대한 애정을 결합시킬 수 있을 것이다. 그러면 대학 강의실에서 괴롭고도 기나긴 하루를 보내는 것보다 훨씬 즐겁게 살수 있을 것이다. 이런 자신의 결정을 아버지에게 알리면, 아버지가 얼마나 차갑고도 무시하는 눈빛으로 그를 쳐다볼지, 파비안은 쉽게 상상이 됐다. 그러나 다른 한편으로 파비안은 자신 안에 이런 구체적인 비전이 숨어 있다는 것에 대해 스스로 놀랐다. 그가 실제로 무엇을 원하는지가 분명해진 덕분에, 자신감이 없을 때는 감히 아버지 앞에서 말하지 못했던 자신의 비전을 이제는 밝힐수 있을 것 같았다.

만약 인생에서 무엇이 변해야 하는지, 혹은 인생이 어떻게 변하

더라도 유지해야 할 것들은 무엇인지 확실히 알고 싶다면 다음의
질문들이 도움이 될 것이다.

- 바꾸고 싶지 않은 내 특징이나 행동방식은 무엇인가?
- 바꾸고 싶은 특징이나 행동방식은 무엇인가?
- 예전에 내가 해냈던 가장 중요한 변화는 무엇인가?
- 지금 가장 두려워하고 걱정하는 것은 무엇인가?

자신감을 높이기 위한
구체적인 목표 세우기

자신감 있는 삶이란
무엇인가

자신의 삶에서 무엇이 가치 있고 무엇을 기꺼이 바꾸고 싶은지를 알았다면, 다음 단계로 넘어가자. 목표를 명확하게 세울 단계에 진입하는 것이다. 너무 뻔하고 식상해서 쓸모없을지 모른다는 의심이 들겠지만, 이 단계는 절대적으로 중요하다.

계속 얘기했지만, 많은 사람들이 "나는 '자신감이 있다'는 게 어떤 건지 확실히 안다." 혹은 "나는 끝까지 잘 해낼 수 있다."라고 생각하기 때문에 목표 세우기를 무시하고 넘어가기 일쑤다. 그러나 좀 더 곰곰이 생각을 해보면 자신감이 있다는 게, 혹은 끝까지 잘

해낸다는 게 어떤 건지 구체적이지 못하고 애매하다는 걸 알게 된다. 그렇다면 그런 추상적인 목적을 달성하는 건 쉽지 않다는 사실도 깨닫게 된다.

자신감을 갖는다는 건 내게 어떤 의미가 있는가? 나는 자신감을 가짐으로써 무엇을 얻고 싶은 걸까?

자신감 있는 태도를 통해 진짜 얻고 싶은 게 무엇인지 몇 가지 실례를 들어본다. 사람마다 자신감 있는 태도에 대한 생각과, 그것을 통해·원하는 것들이 얼마나 다양한지 알 수 있다.

목표	정말로 원하는 것
나는 더 자신감을 갖고 싶어!	• 사람들 속에서 편안한 마음 갖기! • '아니오'라고 거침없이 말하기! • 내 단점뿐만 아니라 장점도 보기! • 용기 있게 타인에게 다가가기! • 누군가 나를 부당하게 대하면 참지 않기! • 긴장을 풀고 편안한 기분을 자주 가지기! • 스스로를 의심하지 않기! • 비판을 인신공격으로 받아들이지 않기! • 동료들에게 자신의 이익과 필요한 것을 수상하고 요구하기! • 새로운 운동에 도전하기! • 지인이나 동료를 식사에 초대하거나 함께 파티를 계획해보기!

자신감이 얼마나 다양한 부분에 많은 영향을 주는지 눈치챘는가? 위에 언급한 실례는 극히 일부에 불과하다.

이제 당신만의 목록을 만들 차례다. 자신감과 관련해 현재 가장 중요하다고 생각하는 구체적인 목표들을 생각해본다. 대부분은 일상생활에서 생기는 문제들이 중요할 수밖에 없다. 다른 한편으로는 관계를 형성하거나 새로운 직업을 찾는 등 당신의 중요한 일들을 방해하는 요소들도 중요하다. 당신이 진짜 원하는 게 뭔지 다음 빈칸에 직접 적어본다.

🖉 _____

🖉 _____

🖉 _____

목표를 다듬는
몇 가지 요령

앞에 적은 원하는 것들을 다시 읽어보자. 당장 이루고 싶을 것이다. 하지만 단순히 '원하는 것'을 구체적이고 실현 가능한 '목표'로 다듬는 것이 먼저다.

적절한 목표를 세우기 위해 주의해야 할 점은 다음과 같다.

구체적이어야 한다 '무엇을, 언제, 누구에게, 어떻게' 등등이 명확해야 한다. "사람들 모임에서 편안함을 느끼고 싶어."는 '원하는 것'은 맞지만, 구체적인 목표로는 적절치 않다. "화요일에 친구

집에 저녁을 먹으러 가자. 그리고 거기서 만난 사람과 몇 분 동안 대화를 나눠봐야지."가 적절하다.

긍정적이어야 한다   말하자면 더 이상 원하지 않는 것이 아니라, 원하는 것만을 포함해야 한다. "이제부터 모임에서 그렇게 불안해하지 않을 거야."가 아닌, "모임에서 대화에 참여하도록 노력해야지."가 바람직하다.

행동을 포함해야 한다   내가 직접 나서서 말하고 행동하는 것을 목표에 포함해야 한다는 뜻이다. "자신감을 가질 거야."보다는 "다음번 테니스 클럽 모임에서는 다른 사람에게 내가 먼저 나와 경기를 하지 않겠냐고 물어봐야지."라는 구체적인 행동이 들어간 목표를 세우고 실천하자.

현실적이어야 한다   방대하고 추상적인 목표가 아닌, 현실적인 목표를 세워야 한다. 예를 들어 모임에서 '단번에' 침착함과 안정감을 갖는 건 비현실적이다. "비록 계속 불안을 느끼겠지만, 그래도 모임에는 꼬박꼬박 나가야지."처럼, 현실을 직시하는 동시에 조금씩 앞으로 나아갈 수 있는 힘을 불어넣는 목표를 세워야 한다.

내가 주어가 돼야 한다   자신이 책임을 지는 목표여야 한다

목표를 성취하느냐 마느냐는 실제로 자신에게 달려 있기 때문이다. 동료가 나와 같이 일할 것인지를 내게 물어봐야만 한다는, 책임을 타인에게 미루는 생각은 목표로서 전혀 적절치 않다. "다음 번에 나와 함께 일할 건지 동료에게 용기 내서 물어볼 거야."라고 생각해야 한다.

하루 5분, 자신감 연습 04

'원하는 것'을 목표로 다듬기

앞에서 적은 원하는 것을 다시 한 번 읽어보고 이것을 구체적이고 실행 가능한 목표로 다듬어보자. 그 외 이루고 싶은 목표를 자유롭게 적어보자. 이때 가장 중요한 목표를 1번에 놓는다.

1. ⎯⎯⎯⎯⎯⎯⎯⎯⎯⎯⎯⎯⎯⎯⎯⎯⎯⎯⎯⎯⎯⎯⎯⎯⎯

2. ⎯⎯⎯⎯⎯⎯⎯⎯⎯⎯⎯⎯⎯⎯⎯⎯⎯⎯⎯⎯⎯⎯⎯⎯⎯

3. ⎯⎯⎯⎯⎯⎯⎯⎯⎯⎯⎯⎯⎯⎯⎯⎯⎯⎯⎯⎯⎯⎯⎯⎯⎯

목표를 세우고 다듬고 마무리하는 데 시간이 걸린다 해도 걱정하지 말자. 적절한 목표를 세운다는 건 간단한 일이 아니다. 시작이 반이니 용기를 내자!

차근차근,
자신감을 키우는 길

계획대로 되지 않을 수 있음을
인정하라

모든 것이 순조롭게 진행되면 계획했던 그대로 목표를 이루게 된다. 그러나 처음에 생각했던 대로 흘러가지 않을 수도 있다. 예를 들어 당신은 새로운 취미로 무용 강습을 등록했다. 그런데 이웃과 탁구 모임에 대해서 이야기를 나누다가 그와 함께 탁구 클럽에 가입했다. 그 탁구 클럽 사람들과 재미있는 시간을 보냈고 계속 거기에 남기로 했다. 반면 기대했던 무용 강습에서는 얻은 게 별로 없었다. 살다 보면 이런 일이 다반사다.

목표도 마찬가지다. 어떤 목표는 원하는 수준까지 이룰 수 있지만, 또 어떤 목표는 계획했던 것의 절반 정도에만 도달할 수도 있다. 그래도 좌절하지 말자. 단지 계획했던 것보다 조금 덜 이룬 것에 불과하다.

내 목표는
어디까지 갈 수 있을까

계획한 목표를 어느 정도까지 달성할 수 있는지 생각해보는 건 매우 중요하다. 우선 내가 달성하고 싶은 목표를 적고, 내 현재 상황을 가능한 한 구체적으로 적어본다. 그리고 상황이 나빠졌을 경우와 상황이 개선됐을 때를 곰곰이 생각하고 적어보는 것이다.

이렇게 목표 달성의 단계를 적어보는 작업은 다양한 이유에서 도움이 된다. 상황이 더 나빠질 수도 있다는 걸 분명히 알 수 있고, 그런 상황에 직면하고 싶지 않아서 더 적극적으로 변하려는 동기를 스스로에게 부여할 수 있다. 또한 상황이 악화될 것을 경고하는 신호를 재빨리 알아채는 법을 배워서 신속히 대응할 수 있다.

무엇보다도, 변화가 일어난 후의 삶의 구체적인 상을 잡을 수 있다. 상상했던 것을 명확한 현실로 받아들이면, 변화는 그렇게 두렵지 않게 된다.

대학에 다니는 학생이 세운 '인간관계를 더 적극적으로 만들어 나간다'라는 목표를 예로 들어보자.

매일 조금씩, 자신감 수업

목표		인간관계를 더 적극적으로 만들어나간다
개선	목표를 완전히 이뤘을 때	• 1주일에 두세 번 정도 다양한 사람들과 만난다. • 주말에 파티할 계획을 세우자고 전화할 만한 사람이 몇 명 생겼다. • 대학에서 다른 동료들에게 개인적인 일에 대해 말할 수 있고, 대학 밖에서 만날 용기가 있다.
	목표를 부분적으로 이뤘을 때	• 두 번째로 여자 친구가 생겼고 매주 적어도 한 번은 만난나. • 수업 후에 다른 학생들과 함께 남아서 대화를 나눈다. • 주말에 다른 사람과 적어도 한 가지 활동을 같이 한다(예를 들면 조깅 모임).
	현재 상황에 멈춰 있을 때	• 2주일에 한 번씩 만나는 좋은 친구가 있다. • 수업 시간에 수업 내용에 대해 옆자리에 앉은 학생과 간단하게 대화를 나눈다. • 주말에 텔레비전을 보거나 독서를 하며 시간을 보낸다.
악화	약간 나빠졌을 때	• 1개월에 한 번 정도 친구를 만난다. • 학교에 가는 게 내키지 않고 학교에서는 누구와도 말을 나누지 않는다. • 낯선 사람들을 만나야 하는 모임에 갈 용기가 생기지 않는다.
	많이 나빠졌을 때	• 나는 친구가 없다. • 학교에 갈 자신이 없다. • 전화를 걸 만한 사람이 아무도 없다.

현재의 상황과 원하는 목표가 서로 대립된다고 생각하는가? 그렇다면 지금 당장 스스로 목표를 어느 정도까지 달성할지를 고민하고, 그에 맞게 준비하라.

목표 달성의 단계 적어보기

이제 당신의 '목표 달성의 단계'를 직접 적어볼 차례다. 다음의 표를 직접 채워보자. 그런데 표를 채우는 데도 순서가 있다.

첫 번째, 표의 가장 윗줄에 당신의 목표를 적는다.

두 번째, 현재 당신의 상황을 중간 부분의 '현재 상황에 멈춰 있을 때' 칸에 적어 넣는다.

세 번째, 부정적인 상황에 대해 곰곰이 생각하고 상상한 후 '약간 나빠졌을 때'와 '많이 나빠졌을 때' 칸을 채운다.

마지막으로, 개선된 상황이 어떨지 상상한 후 '목표를 부분적으로 이뤘을 때'와 '목표를 완전히 이뤘을 때'를 채운다.

목표		
개선	목표를 완전히 이뤘을 때	
	목표를 부분적으로 이뤘을 때	
	현재 상황에 멈춰 있을 때	
악화	약간 나빠졌을 때	
	많이 나빠졌을 때	

Chapter 3

자신감을 방해하는 장애물

자신감 있는 태도를 갖고 싶다면, 무엇이 자신감을 갖는 걸 방해하는지 더 정확히 이해할 필요가 있다. 엄마 혹은 아빠, 아니면 다른 중요한 인물과 형성한 과거의 관계가 당신의 자신감에 어떤 영향을 끼쳤을 수도 있다. 자신감 있는 태도를 배울 만한 롤모델이 없었을 수도 있고, 스스로 자신감 있게 한 행동이 부정적인 결과를 가져왔을 수도 있다. 많은 경우, 단지 부정적인 생각을 하는 것만으로도 자신 있게 행동할 수 없게 된다.

이 장에서는 이런 방해요소들에 어떤 것들이 있는지, 또 어떻게 극복할 수 있는지 다루려고 한다.

부정적인 자동적 사고는
어떻게 만들어지는가

부정적인
자동적 사고란

특정한 상황에서 반사적으로 드는 생각을 심리학에서는 자동적 사고라 한다. 예를 들어 자신감을 가지려 하거나 다른 사람을 자신 있게 대하려 할 때, 그런 건 불가능하다는 생각이 먼저 드는 것이다. "난 아무것도 할 수 없어." 혹은 "내가 뭘 원하건 그건 그렇게 중요하지 않아." 등이 부정적인 자동적 사고의 전형적인 사례다. 물론 긍정적인 자동적 사고도 있는데, "난 잘할 수 있어." 혹은 "당연히 난 그 모임의 일원이지." 등이 있다. 여기서는 부정적인 자동적 사고를 다루겠다. 많은 경우 자신감을 갖거나 자신 있게 행동하는 것을 방해하기 때문이다.

부정적인 자동적 사고를 하는 당사자들은 그런 생각을 쉽사리 수긍하며, 그 생각들이 일리가 있고 그럴 만하다고 믿는다. 자신이 중요하지 않은 사람이고, 수치스럽고, 무능력하다는 생각이 들면 자기 자신에 대해 어떻게 느낄지 쉽게 상상이 될 것이다.

그런데 사실 많은 경우, 이런 부정적인 자동적 사고는 현실과 전혀 상관없을 뿐 아니라 심하게 뒤틀리고 왜곡돼 있다! 부정적인 자동적 사고도 처음에는 그저 가끔씩 자신도 모르게 떠오른 수많은 생각들 중 하나일 뿐이었다. 말하자면 수많은 개울과 강들 가운데 작은 도랑 하나에 불과한 것이었다. 그런데 특정한 경험을 겪으면서 이런 부정적인 생각을 사실이라고 믿게 된다. 마치 작은 도랑들이 모여 개울이 되고, 결국 모든 개울과 강이 흘러들어가는 넓은 강처럼 되는 것이다. 다시 말해, 대부분의 부정적인 자동적 사고는 특별한 원인도 없이 생겨나 당신을 괴롭히고 있기 때문에 더욱 해결하기가 어렵다.

내 안의 부정적인 자동적 사고 찾아보기

부정적인 자동적 사고들에는 특정한 유형이 있다. 다음은 부정적인 자동적 사고들의 전형적 유형이다. 읽고, 내 안의 생각과 비슷한 유형을 찾아 네모칸에 체크한다.

□ **모 아니면 도** 극단적인 흑백논리를 말한다. "완벽하게 해내지 못할 바에야 차라리 아무것도 안 하는 게 나아!"

□ **비극적 결말 예상** '예상했던' 최악의 사태가 벌어지리라 생각하는 것이다. "그 파티에서 모든 사람들이 내가 혼자 구석에 앉아 있는 걸 보게 될 거야."

□ **평가절하** 좋은 결과를 받고도 그 결과를 깎아내리고, 긍정적인 모습을 외면하는 것을 말한다. "이 업무를 잘 마무리하긴 했지만 난 그저 운이 좋았을 뿐이야." "다른 사람이 도와주었으니 망정이지 혼자서는 못했을 거야." "이건 누구라도 할 수 있었던 일이야."

□ **부정적 해석** 현상을 무조건 부정적인 방향으로 증명하려는 태도를 말한다. "마음이 어딘지 모르게 안정이 안 돼. 그러니까 난 지금 엄청 불안한 거야."

□ **꼬리표 붙이기** 극단적인 의견을 성급하게 일반화하는 것이다. "난 언제나 눈에 띄지 않는 인기 없는 여자였어."

□ **지레짐작** 다른 사람의 생각을 지레짐작으로 읽는 것을 말한다. "저 남자는 틀림없이 내가 지루한 여자라고 생각하고 있어."

□ **개인화** 아무 뜻도 없는 상대 행동의 원인을 자신과 관련짓는다. "저 여자는 대화 도중에 하품을 했어. 나랑 말하는 게 지루한가 봐."

□ **일반화** 부정적으로 일반화한다. "모임에서 난 틀림없이 불편할

거야. 어쩌면 나한텐 친구를 사귈 능력이 없는지도 몰라."

□ **명령** 스스로에게 지키기 힘든 명령을 한다. "나는 언제나 모든 사람을 공평하게 대해야만 해."

□ **터널시야** 터널 속에서 터널 입구를 바라보듯이 시야가 제한되는 것이다. 다시 말해 오로지 부정적인 측면만 집중해 보는 것을 말한다. "난 늘 말도 안 되는 행동을 해."

□ **마음속 필터** 어떤 일에 대한 부정적인 세부시항들을 괴하게 평가해서, 그 일의 전체적인 상을 더 이상 파악하지 못하는 것을 말한다. "사장님이 나더러 다음번에는 좀 더 크게 말하라고 하셨어. 내 발표가 완전히 엉망이라고 생각하시는 거야!"

자신이 어떤 사고를 자동적으로 하고 있는지, 또한 자신의 생각들이 어떤 유형에 가깝거나 속하는지 깨달았는가? 그렇다면 아래 빈칸에 내가 가진 부정적인 자동적 사고 중 가장 문제가 되는 것을 적는다. 직접 써서 눈앞에 놓고 보는 건 이를 해결하는 데 큰 도움이 된다.

이제 부정적인 자동적 사고를 긍정적으로 바꾸는 해결책을 살펴볼 것이다. 그런데 하루아침에 부정적인 사고를 긍정적으로 바꾸기란 쉽지 않다는 점을 기억해야 한다. 긍정적인 평가와 사고 역시 작은 도랑과도 같다. 비록 지금은 작더라도 꾸준히 물을 부으면 도랑은 넓어진다. 인내심을 갖고 물을 붓다보면 긍정적인 사고들이 언젠가는 넓은 강이 될 것이다!

부정적인 자동적 사고
뿌리 뽑기

부정적인 자동적 사고에
반박하기

어떤 생각이 자신도 모르게 떠오를 때, 그것을 바꿀 수 있는 가장 좋은 방법은 두 발짝 앞서가는 것이다.

다음에 소개하는 질문은 부정적인 자동적 사고들이 근거가 없다는 사실을 깨닫도록 돕는다. 바로 앞에 적은 나의 부정적인 자동적 사고를 다시 한 번 보며, 다음의 질문에 대한 대답을 적어보자. 반박할 논리를 찾아내기 어려우면, 잘 아는 지인 중에 기꺼이 힘이 될 만한 사람에게 도움을 청하자.

• 이 생각을 뒷받침하는 사실은 무엇인가?

- 이 생각에 반대되는 사실은 무엇인가?
- 이 생각이 옳다는 걸 증명할 수 있을까?
- 다른 식으로 (더 현실적으로) 볼 수 있을까?
- 이 생각이 사실보다는 느낌을 근거로 하는 건 아닐까?
- 어떤 상황에 부딪혔을 때, 부정적인 자동적 사고 말고 다르게 그 상황을 설명할 수 있나?
- 이 생각과 반대되는 경험을 한 적이 있는가?
- 친한 친구나 동료는 어떤 조언을 해줄까?

부정적인 자동적 사고를 반박하는 데 성공했는가? 단 한 번의 시도로 성공할 수는 없다. 그러나 만약 이 생각들에 작은 의심이라도 품었다면 이미 반은 성공한 것이나 다름없다. 더 자주 질문을 던지면 의심은 조금씩 커져갈 것이다. 또한 혁신적이고 도움이 될 만한 생각들을 찾아내려고 노력하면서 이 질문들을 던지고 대답해야 한다.

부정적 사고를
긍정적으로 바꾸기

이제 부정적인 자동적 사고들에 대한 대안을 이야기하자. 2장 '자신감을 높이기 위한 구체적인 목표 세우기'에서, 목표는 '긍정적으로' 세워야 한다고 언급한 바 있다.

다시 말해 부정적인 행동이나 생각을 '없애버리고' 싶어 하는 건, 도리어 그 목표를 달성하는 데 큰 도움이 되지 않는다. 오히려 그것보다는 무언가 새로운 것(예를 들면 도움이 되는 생각들)을 가져오려는 노력이 더 도움이 된다.

부정적인 자동적 사고를 없애는 것도 마찬가지다. 이런 생각들을 무작정 없애려 하지 말고, 새로운 긍정적인 사고로 대체하려고 노력하는 것이나. 긍정적인 사고는 당신을 편안하게 만들고, 자신감을 불어넣어주고, 좀 더 자신의 주장을 내세울 수 있도록 도울 것이다.

사물에 대한 부정적 시각이 도대체 누구에게 도움이 된단 말인가? 비록 그 시각이 더 현실을 잘 말해주고 있더라도 말이다. 그저 사람들을 우울하고 불쾌하며, 아무것도 믿지 않게 만들 뿐이다.

학자들의 연구에 따르면, 우울증을 앓는 사람과 비교했을 때 정신적으로 건강한 사람은 자신과 세계에 약간은 긍정적으로 왜곡된 시각을 갖고 있다고 한다. 상황을 가능한 한 좋은 방향으로 봐서 해가 될 건 없다는 말이다. 그러니 현실을 정확히 파악하기보다는 약간은 왜곡된 장밋빛 안경을 끼는 편이 낫지 않을까!

다음의 박스에 도움이 될 만한 긍정적인 몇몇 생각들을 예를 들어놓았다. 물론 반드시 따라야 한다는 법은 없다. 어느 생각이 자신에게 알맞고 도움이 되는지 스스로 판단하고 시도해야 한다.

- 내 의견은 중요하며, 내 존재 또한 그렇다!
- 모든 사람은 똑같이 소중하듯, 나도 소중하다!
- 스스로에게 질문하는 건 약하다는 뜻이 아니다. 오히려 매우 강하다는 걸 의미한다.
- 나는 많은 것을 이루어냈고, 숨거나 변명하지 않아도 된다!
- 내게 필요한 것을 충족시키며 살아갈 권리가 있다!
- 그 누구도 내가 어떻게 살아야 하는지를 대신 결정할 수 없다.

여기에서 자신만을 위한 '용기를 주는 문장'을 찾아내자. 삶에 이 생각들을 위한 확실한 자리를 만들자. 이 문장들을 카드에 적어서 지갑에 넣어 다니거나, 혹은 사진으로 찍어 휴대 전화의 배경화면으로 설정하면 좋다.

하루 5분, 자신감 연습 07

부정적인 자동적 사고 바꾸기

다음의 연습은 부정적인 자동적 사고를 바꾸도록 단계적으로 당신을 안내할 것이다. 이제는 각자의 노력에 달렸다.

직면한 상황

예) 저녁에 친구와 모임에 간다.

부정적인 자동적 사고

예) 나는 다른 사람과 편하게 대화를 나눌 수 없다.

이렇게 생각하면 어떤 기분이 들까?

예) 자신감이 떨어지는 것 같다. / 멍청하다고 느껴진다. / 부끄럽다.

이 생각들을 뒷받침하는 사실은 무엇인가?

예) 대화를 어떻게 이어가야 할지 모르겠다. / 일찍 모임에서 나올 때가 많다.

이 생각들에 반대되는 사실은 무엇인가?

예) 친한 사람들과 대화를 하는 데는 아무런 문제가 없다. / 대화가 끊어지는 것에 대한 책임이
내게만 있는 건 아니다. / 지난번 모임에서는 처음 만난 사람과 20분 동안 대화를 나눴다.

대안이 되는 생각들은?

예) 낯선 사람에게 다가가는 것이 힘들어. 하지만 이건 지극히 정상이고, 많은 사람들이 나처
럼 힘들어해. 가장 편하게 느껴지는 사람들과 얘기를 해봐야겠어.

대안이 되는 생각을 하면 기분이 어떤가?

예) 더 편해지고, 부담감과 책임감이 적어지며, 자신에 대한 믿음이 생긴다.

대안이 되는 생각이 행동에 어떤 변화를 가져왔나?

예) 모임에서 가능한 한 편안하게 느끼려고 노력한다.

불안은 자신감을
극도로 낮춘다

**불안 뒤에 숨어 있는
수많은 감정들**

불안은 자신감을 다루는 데 있어 매우 중요하기 때문에 자세히 알 필요가 있다. 불안은 하나의 생각이나 감정이라고 말하기 어려우며, 그 뒤에는 두려움·수치심·질투·화 등의 여러 다양한 감정이 숨어 있다. 그런데 감정에는 그 나름의 '고유한 사명(목적)'이 있다는 사실을 알고 있는가?

감정은 진화 과정에서 특정한 상황에 가능한 한 빨리 대처하도록 돕기 위해 형성됐다. 예를 들어 총소리가 울리면 사람은 위험한 상황을 감지하고 두려워진다. 두려움은 숨거나 도망가는 등의 특정한 행동방식과 결합된다. 위협이 되는 상황에서는 무조건 감정이 시키는 대로 행동해야 할 필요가 있다! 만약 석기시대에 호랑이를 보고 재빨리 도망가는 걸 배우지 않았더라면 인류는 살아남지 못했을 것이다.

불안한 감정 뒤에 숨어 있는 감정들을 분석하면, 왜 특정한 상황에서 쉽게 불안해지는지 알 수 있다. 이제 불안과 관계 있는 중요한 감정들을 살펴보자. 어떤 순간에 어떤 감정이 생기고, 그 목적은 무엇일까?

두려움　　두려움의 목적은 위험을 알아차리거나 피하는 데 있다. 위험 요소에 대한 정보는 인류의 유전자에 기록돼 있기도 하고, 경험(어떤 사람과의 매우 불쾌한 경험 등)에서 획득하기도 한다.

두려운 감정이 생기면 땀이 나거나, 심장이 심하게 두근거리거나, 가슴이 답답해지거나, 속이 메스꺼워지는 등의 강렬한 신체적 증상이 발생한다. 이는 아드레날린이 솟구쳤음을 나타내는 반응으로, 아드레날린이 솟구치면 인간의 육체는 에너지를 끌어내 빨리 달릴 수 있다. 이런 신체적 반응은 위험한 상황에서 가능한 한 빨리 몸을 숨기거나 도망쳐야 했던 시대의 경험에서 유래한다.

거꾸로 신체적 반응이 두려움을 불러오기도 한다. 다시 말해, 특정한 신체 감각을 느끼면 처한 상황을 생존을 위협하는 위험으로 여기게 된다. 그러면 다시 두려움이 커지고 당연히 불안도 커진다.

에밀은 어린 시절부터 항상 수줍음을 많이 탔다. 그래도 초등학교에 다닐 때는 학교생활에 잘 적응했고, 친구들과 잘 어울렸다. 그런데 실업학교에 진학한 후 그는 유감스럽게도 '시끌벅적한 개구쟁이들'이 많은 반에 배정됐고, 반 친구들은 에밀의 수줍어하는 모습을 조롱하며 그를 괴롭히기 시작했다. 이 때문에 에밀은 무척이나 힘들어했고, 누군가를 전적으로 신뢰하지 못하게 됐다. 그는 실업학교 3년 내내 이런 상황을 참으며 학교를 다녔다.

시간이 흘러 에밀은 25살이 됐고, 기술자가 되기 위한 과정을 마쳤다. 그는 주어진 업무를 뛰어나게 처리하는데도 불구하고 다른 사람들이 그를 질책할지도 모른다는 두려움에 시달린다. 특히 자기 또래의 동료들이 다가오면 습관적으로 그들의 표정에서 어떤 비난의 표시를 찾아내려 한다. 그는 동료들과의 관계에서 매우 소극적이며, 항상 불안해한다.

수치심 　자신을 타인의 눈으로 바라봤을 때 열등하다는 생각이 들면 수치심을 느낀다. 자신이 부족하고, 형편없고, 열등하며, 환영받지 못한다고 느끼는 것이다. 다른 사람들의 눈에 우습게 보이지 않도록 자신을 보호하고, 안전을 확보해서 사회의 일원으로 남는 것이 이 감정의 목적이다. 예를 들면 자신이 저지른 실수를 들켰을 때, 수치심이 사회의 규범에 맞게 행동하도록 도와줌으로

써 사회 속에서 다른 이들과 함께 살아가는 걸 가능하게 한다.

그런데 과도하게 수치심을 느끼는 경우도 있다. 아주 예민하게 수치심을 느끼는 사람들은 사회의 기준에서 조금이라도 벗어나면 불안해한다. 작은 실수, 적절치 못한 발언, 눈에 띌 만한 옷차림 등 하찮은 것에도 그렇다.

카롤라는 어느 세미나에 동료들과 함께 참석했다. 세미나 마지막 날 근사한 디너 행사가 예정돼 있었다. 함께 행사장으로 가려고 카롤라와 직장 동료들이 호텔 로비에 모였을 때, 카롤라는 자기 혼자만 정장을 갖춰 입고 하이힐을 신었다는 걸 알고 기절할 듯이 놀랐다. 거의 모든 동료들이 청바지 차림이었다. 카롤라는 자신의 과한 옷차림이 너무 신경 쓰여서 저녁 내내 극도로 불편하고 불안했다.

질투　　자신만이 가지고 있다고 생각한 것, 혹은 평소에 원하고 있었던 것을 다른 사람이 가지고 있다고 생각할 때 질투를 느낀다. 다른 사람이 그것을 갖는 건 불공평하다고 느끼는 것이다. 어떤 물건, 외모, 성공 혹은 매력적인 배우자 등 질투심을 유발하는 건 한도 끝도 없다.

질투는 무언가를 더 성취하기 위해, 혹은 자신의 장점을 찾기 위해 노력하도록 자극한다. 이런 점에서는 유용한 감정이다. 그러나 대부분의 경우 자신이 부족하다는 생각을 하게 만든다. 더구나 다른 사람과 자신을 끊임없이 비교해서 항상 더 나쁜 결과를 얻게 되면 불안만 커진다.

프란치스카는 간호사가 되기 위해 3년째 직업학교에 다니고 있다. 그녀는 자주 강렬한 질투심을 느끼며 자신이 부당한 대접을 받고 있다고 생각한다. 사실 프란치스카는 동료들이 실제 실력보다 훨씬 높게 평가받고, 자신보다 예쁘고, 자신보다 훨씬 편하게 살아간다고 느끼고 있다. 프란치스카는 이런 감정에서 벗어나기가 너무 힘들다. 그녀는 이미 어린 시절부터 그런 감정에 시달려 왔다. 그녀의 아버지는 매우 경솔하고 형편없는 마초로, 그녀를 자주 예쁜 언니와 비교하며 공공연히 비난하곤 했다. 어머니도 이런 아버지 때문에 자신보다 예쁘고 젊은 여자들보다 자신이 한참 부족하며 훨씬 형편없다고 생각하며 살았다.

시험을 볼 때 프란치스카는 시험관들이 자신을 의도적으로 낮게 평가할 거라 생각한다. 발표라도 할 때는 너무 불안에 떨어서, 발표해야 하는 내용을 잊어버리기 일쑤다.

(억압된) 화　　화와 불안의 관계는 좀 복잡하다. 사람은 자신이 위협받는다고 느낄 때, 자신이 이루려는 중요한 목적을 위협받을 때, 부당한 대우를 받을 때 화를 낸다. 즉, 화의 목적은 자기방어의

보호다. 이런 맥락에서 화는 매우 중요한 감정이다.

그런데 많은 사람들이 화내는 모습이 좋지 않은 인상을 준다고 생각하고 심지어는 화를 '금지해야 하는' 감정으로 여긴다. 그래서 모든 수단을 동원해 화를 억제하려고 노력한다. 그러나 화를 일방적으로 참고 억누르는 건 정신 건강에 해를 끼치는 결과를 낳는다. 지나치게 화를 참으면 적절치 않은 순간에 화가 폭발하는데, 이는 마치 압력솥의 압력이 과도하게 높아졌을 때 일어날 수 있는 일과 같다. 혹은 화를 느낀다는 이유로 불안에 시달리고 과도하게 걱정하기도 하는데, 그 원인은 대부분 스스로를 정확히 파악하지 못해서다. 이런 사람은 스스로에게 "내가 할 수 있는 일은 도대체 뭐지?" 하고 묻고, 다른 사람들과 만나는 것조차 자신 없어 한다.

카챠는 독실한 기독교 집안에서 태어났다. 그녀는 어렸을 때부터 화를 내거나 자신의 권리를 주장하기 위해 큰 소리로 다투는 건 나쁜 행동이라고 배웠다. 카챠의 엄마는 냉정하고 차가운 성격의 남편에게 한 번도 불평하거나 반발하지 않았다. 그런 엄마를 보면서 카챠도 아버지에게 순종하고, 아버지를 사랑하고 존경해야 한다는 강박을 갖고 살아왔다.

그런데 카챠는 최근에 아버지에 대해 스스로 억제할 수 없는 분노, 심지어는 혐오감까지 느끼고 있다. 이런 감정으로 인해 그녀는 심하게 불안해하고, 한편으로는 자신이 착한 아이임을 증명하기 위해 모든 행동을 똑바로 하려고 안간힘을 쓴다.

불안을 만들어낸
과거의 경험

불안 뒤에 숨어 있는 감정을 아는 것만으로는 불안을 극복하기 힘들다. 단순히 감정에서 '벗어나는' 것은 근본적인 해결책이 되지 않기 때문이다! 그런 감정이 '왜 생겼는지' 그 원인을 파악하는 것이 중요하다. 대부분의 부정적인 자동적 사고는 사람들이 너무 익숙해진 나머지 이런 생각들이 도대체 어디에서 비롯되는 것인지 전혀 알 수 없는 경우가 종종 있다. 그러나 불안의 경우, 다행스럽게도 대부분의 사람들은 불안이 과거의 경험과 어떤 관련이 있을 것이라 어렴풋이 알아채고 있다.

토마스는 38세로 직업은 교사다. 그는 자신의 집안에서 처음으로 대학에 진학했다. 그 과정은 수월하지 않았다. 그가 대학 진학을 위해 인문계 학교에 가고 싶다고 했을 때, 아무도 그의 선택을 지지하지 않았다. 부모님은 40분이나 버스를 타고 근방의 대도시로 등하교하는 건 무리라고 했다. 한편 담임인 크뤼거 선생님은 토마스가 그런 학교에 갈 만한 실력이 아니라면서, 그의 아버지가 그랬던 것처럼 평범한 실업계 학교만 마치고 직업학교에 진학하는 것이 좋겠다고 했다. 그래서 토마스는 성적이 좋았음에도 불구하고 인문계 학교에 진학하지 못했다. 그는 누구의 도움도 받지 못하고 밤 시간을 쪼개 혼자 대학시험을 준비해야 했다. 어렵게 대학에 진학한 후에도 그는 이미 모든 것을 잘 알고 있는 것 같은 동기들 틈에서 자주 이방인이 된 기분을 느꼈다. 또한 경제적인 어려움 때문에 학업과 아르바이트를 병행해야 했다.

현재 토마스는 많은 것을 성취했다. 그는 교사로 확실하게 자리 잡았고, 동료 교사와 결혼했으며, 아이도 한 명 있다. 그렇지만 토마스는 동료 교사들과 있을 때 늘 자신이 없었고 자신의 의견을 표현하는 데 어려움을 겪었다.

지난주에 한 문제 학생에 대해 의논하는 회의가 열렸다. 토마스는 그 학생이 일단 교사에 대한 신뢰를 가지면 태도도 좋아지고 학업도 잘 해내리라고 말했다. 그러나 동료 교사가 이렇게 말했다. "이 학생은 받는 걸 당연하게 생각해요. 아무런 노력도 하지 않을 게 분명해요." 토마스는 자신이 땀을 흘리기 시작하는 걸 알아챘다. 그는 어떻게든 반대 의견을 내놓으려고 했지만, 뭔가가 목을 조르는 것 같았다. 퇴근 후 집에 가는 동안에는 심지어 자신의 생각까지 의심하기 시작했다. 그 사람이 내린 평가가 옳은 것일까? 나는 내 생각도 믿을 수가 없단 말인가?

당신도 비슷한 상황을 겪은 적이 있는가? 자신의 생각을 표현

매일 조금씩, 자신감 수업

하려고 애쓰지만, 불안감에 휩싸이며 아무것도 못하는 그런 상황 말이다. 토마스는 (일에 대한) '구체적인 의견' 때문이 아니라, 예전부터 지니고 있던 '그 느낌' 즉 불안감 때문에 회의에서 자신의 주장을 더 이상 진전시키지 못했다.

과거의 경험은 불안감의 근본적 원인인 경우가 많다. 주로 주변 인물이 그 원인인데, 이 인물은 부모일 수도 있고, 형제자매 혹은 친구일 수도 있다(토마스의 경우, 그를 전혀 믿어주지 않았던 담임선생님이다).

불안의 근원
뿌리 뽑기

**불안을 극복하는
상상 연습**

　　이제부터 불안감의 원인이 된 경험을 정확히 이해하는 연습을 할 것이다. 그러면 감정을 그 근원부터 바꿀 수 있다. 불안이 어디에서 기인하는지 더 잘 이해할 수 있으며, 나아가 불안을 극복할 수 있다. 현재를 살아가는 데 과거에 만들어진 감정이 더 이상 발목을 잡지 않도록 상상력의 도움을 받아보자.

　여기서 특히 조심해야 할 점이 있다! 만약 어렸을 때 심각한 폭력이나 학대를 경험했다면 혼자서 연습하지 말고 전문가와 상담하기를 권한다. 물론 혼자서 할 건지, 아니면 전문가의 도움을 받을지 여부는 자신만이 결정할 수 있다.

우선 현재 마주하고 있는 힘든 상황과 과거의 경험들을 연결해 보자. 그래야 불안한 마음의 근원을 더 잘 이해할 수 있다. 다음의 연습방법을 꼼꼼히 읽고 실천해보자.

상상 연습: 불안의 근원으로 떠나는 여행

우선 아무런 방해도 받지 않고 혼자 있을 수 있는 공간과 시간을 마련한다. 편안한 의자나 소파에 앉아서 두 발을 바닥에 단단히 붙인다. 그리고 두 눈을 감고 온몸에 긴장을 풀고 길고 깊게 숨을 들이마시고 내쉰다. 어떻게 숨이 들어오고 나가는지에만 집중한다.

가장 최근에 불안에 시달렸던 상황 속으로 들어간다. 상상 속으로 이 장면을 생생하게 불러온다. 그 장면에서 무엇을 보고, 듣고, 느끼는가? 몸 안의 어느 부분에서 불안이 느껴지는가? 어떤 감정을 느꼈는가? 수치심 혹은 분노가 느껴지는가? 그 상황에 느꼈던 감정이 다시 느껴지면, 상황은 눈앞에서 지우고 그 감정에 머무른다.

이제 생각을 아주 오래된 과거로 옮겨보자. 지금 느끼는 감정을 똑같이 느꼈던 과거의 상황이 떠오르는가? 다른 감정이 느껴지는 그런 상황이 생각날지도 모른다. 없애려고 애쓰지 말고 그냥 둔다. 명확하게 기억나는 대신 과거의 전형적인 장면들, 예를 들어 살았던 집 혹은 부모와 보냈던 시간 등이 기억날 수도 있다.

어떤 장면을 발견했다면 그 상황 속으로 빠져들자. 장면 속에는 누가 있는가? 무엇이 느껴지는가? 왜 그렇게 느꼈을까? 이 상황에서 당신에게 필요한 것은 무엇이었을까? 당신이 바란 것은 무엇이었는가? 더 많은 관심? 보호? 지원?

상황을 정확히 파악했다면 다시 깊게 숨을 들이마시고 내쉰다. 다시 지금, 여기에 도착했다고 느끼면 눈을 뜬다.

과거와 연결하는 다리를 놓는 데 성공했는가? 성공했다면 불안의 근원이 어디 있는지 찾았을 것이다. 비난받았던 일, 무관심 속에 방치된 것, 누군가한테 조롱당한 일 혹은 수치심을 느꼈던 경험 등······. 많은 경우 이 연습을 통해 이러한 감정들의 근원에 닿지만, 때로는 직접적으로 연결되지 않기도 한다. 예를 들어 어떤 장면 속에서 그저 혼자 있는 것으로 생각이 끝났는데, 그때 하고 싶었던 것이 무엇이었는지를 곰곰이 생각해보면 어떤 특정 인물이 두려워서 의기소침해 있었다는 것을 알게 되는 경우다. 그러니 과거의 장면을 즉시 이해할 수 있을 거라고 기대하지는 말자. 그 장면이 무엇을 말하려는지, 혹은 처음에 떠오른 기억 뒤에 '실제로' 어떤 장면이 숨겨져 있는지에 대해 좀 더 곰곰이 생각해야 할 수도 있다.

토마스가 자신의 불안의 원인을 상상 속에서 어떻게 바꿨는지 살펴보자.

토마스는 회의가 열리는 상황 속으로 빠져드는 게 어렵지 않았다. 그는 불안과 자신에 대한 분노를 명확하게 느낄 수 있었다. 과거로 여행하면서 그는 담임선생님과 엄마가 대화하는 장면에 '이르렀다.' 담임선생님은 인문계 학교 진학 문제는 의논할 필요도 없다고 엄마를 설득하고 있었다. 토마스는 대학에 갈 만한 잠재력을 갖고 있지 않다고 했다. 담임선생님과 엄마는 그가 어떻게 생각하는지 물어보지 않았다. 담임선생님이 토마스의 약점들을 하나하나 열거할 때, 그는 의자에 축 늘어진 채 앉아 있었다.

이제 다음 단계로 넘어가자. 당신에게 필요한 자신감을 끌어올리도록, 상상 속의 상황을 바꾸는 연습을 할 차례다.

하루 5분, 자신감 연습 09

상상 연습: 자신감 발견하기

다시 긴장을 풀고 편안하게 앉아서 눈을 감고 호흡에 집중한다. 그리고 아까 도착한 어린 시절이나 과거로 다시 돌아간다. 그리고 그 상황에서 무엇이 필요한지 생각한다. 누군가 당신 곁에 서서 당신을 지지해주기를 바라는가? 혹은 상대(학교친구, 선생님, 혹은 부모님

등)에게 확실한 선을 긋는 것이 중요할까? 아니면 자신을 그런 식으로 취급하지 말라고 누군가가 큰 소리로 말했어야 했나? 한계를 두지 말고 마음껏 상상한다! 아이디어에는 한계가 없다. 예를 들어 당신을 조롱했던 동급생을 웃음거리로 만든다고 상상하거나, 위협적으로 느껴졌던 인물을 그저 볼품없는 작은 난쟁이로 만들어보자. 누군가 당신을 안전한 장소로 데려가는 상상을 할 수도 있다. 과거의 내가 더 자신감을 가질 수 있다면 모든 것이 가능하다.

그리고 장면 속의 모든 변화를 조심스럽게 추적한다. 지금은 어떤 기분인가? 여전히 무엇인가가 필요한가? 마음이 차분해지고, 확신이 들고 만족할 때까지 장면을 계속 바꾼다. 만약 만족감이 들면 그 감정이 몸 안에 어떻게 채워지는지 스스로에게 집중해보자. 지금 느껴지는 감정을 유지하면서 신중하게 천천히 호흡에 집중한다. 조용히 들이쉬고 내쉬면서 눈을 뜬다.

과거의 장면을 완전히 바꾸고, 거기서 느낀 감정을 자신감으로 변화시키는 데 성공했는가? 한 번에 계획대로 되지 않았다면, 그 상황에서 당신에게 무엇이 필요했었는지 곰곰이 생각해보자. 만약 생각이 잘 나지 않는다면, 그 상황에 놓인 사람이 당신 자신이 아니라 친한 친구라고 생각해보자. 종종 자기 자신의 문제보다 사랑하는 사람의 문제에 더 나은 해결책을 찾을 수도 있기 때문이다. 만약 불안의 원인이 다양하다면, 각각의 상황들을 한 번에 하나씩 연습하자. 한 번에 여러 상황을 연습하지 말고 원인마다 며칠 간 간격을 두고 연습해야 한다.

토마스는 그가 아주 좋아했던 독일어 선생님이 방으로 들어오는 상상을 했다. 그녀는 토마스의 편에 서서 담임선생님의 의견에 반박했다. 그녀는 토마스를 높이 평가했고, 그가 자신의 길을 스스로 선택하게 해야 한다고 주장했다.

그녀는 토마스를 향해 몸을 돌리고 그에게 무엇을 하고 싶은지 물었다. 너무나 호의적으로 용기를 북돋우며 물었기 때문에, 그는 공부를 계속하고 싶고 대학 시험에 도전하고 싶다고 말했다. 그녀는 토마스의 어깨를 손을 올리고 그를 안으며 말했다. "넌 잘 해낼 거야. 내가 알아." 토마스는 그 못된 담임선생님은 남겨둔 채, 엄마와 독일어 선생님과 함께 학교를 나오는 상상을 했다. 그녀는 그의 집까지 와서 부모님을 설득했다. 토마스는 선생님의 격려에 힘을 얻어서 자신이 강해지는 걸 느꼈으며, 갑자기 더 이상 불안하지 않았다.

연습이 끝난 후 토마스는 동료 교사와 다시 한 번 이야기해보겠다고 결심했다. 동료들 전체가 아니라, 그 사람과 단둘만의 대화를 말이다.

불안의 근원에
보내는 편지

상상 연습을 감당할 수 없다고 느껴지거나 너무 복잡해 보여서 하기 힘들다고 생각되는가? 여기 좋은 대안이 있다. 당신의 불안에 책임이 있는 사람들에게 편지를 쓰는 것이다. 이 편지를 실제로 보내라는 얘기가 아니다. 그 사람들의 의견에 이의를 제기하기 위해 자신의 생각과 주장을 정리하는 것이다.

우선 누구에게 이 편지를 쓸지 결정하라. 만약 주변 사람이 불안의 근원이 아니라면, 불안 자체에 편지를 쓴다. 편지에는 다음과 같은 내용이 들어 있어야 한다.

- 무엇이 당신의 삶에서 불안을 야기하는가?
- 왜 불안이 당신을 좀먹는 걸 더 이상 허락하고 싶지 않은가? 그래서 무엇을 이루고 싶은가?
- 당신을 불안하게 만드는 사람은 당신에 대해 잘못된 평가를 내리고 있다. 그 근거는 무엇인가?
- 당신이 이룬 것 중에서 무엇을 자신 있게 내세울 수 있는가? (당신이 이미 이룬 것을 스스로 비판하거나 깎아내리지 않는다!)
- 이 사람이 당신에게 줘야 했던 것은? (지지, 이해, 수락, 공감 등)
- 불안과 결별하는 선언문을 써본다면? (예를 들어 "오늘부터 맘껏 내 의견

을 말하고, 내 권리를 관철시키고, 더 자신 있게 살고, 내 인생을 즐기는 걸 네가 방해하도록 더 이상 내버려두지 않을 거야!")

편지를 다 썼으면, 큰 소리로 읽는다. 이건 좀 웃기는 짓이 아닐까 생각할지도 모르겠다. 그러나 눈으로 읽는 것과 귀로 직접 듣는 것은 효과가 완전히 다르다. 단호한 목소리로, 크고 분명하게 읽어라!

토마스는 자신의 불안의 원인인, 크뤼거 선생님에게 편지를 쓰기로 결정했다.

크뤼거 선생님께

이렇게 시간이 많이 흐른 뒤 제 편지를 받아서 많이 놀라셨을 거라고 생각합니다. 선생님께 중요한 것들을 말씀드리려고 이렇게 편지를 씁니다.

선생님은 정말 형편없는 스승이셨어요! 제 용기를 북돋아주고 믿어줬어야 했죠. 그게 담임으로서의 임무가 아닐까요? 하지만 선생님은 정확히 그 반대로 했어요! 저는 선생님 덕분이 아니라, 선생님의 비판에도 불구하고 여기까지 제 삶을 끌어올 수 있었어요. 저는 살아오면서 나한테 어떤 일을 성취할 만한 능력이 없는 것은 아닐까 의심을 품어왔고, 이는 선생님 책임입니다.

이제는 선생님께 말씀드리고 싶습니다. 저는 충분히 능력 있는 사람이며, 계획하는 모든 것을 해낼 수 있습니다. 이제 제 자신을 긍정적으로 평가하고, 훌륭하고 현실적인 목표를 세울 수 있어요. 반면 선생님 자신을 들여다보세요. 선생님은 평생 자신의 생각에 잘못된 확신을 갖고 살아오셨어요. 저는 대학시험에서 좋은 점수를 받아 대학에 합격했고, 대학에서 학위를 받았을 뿐 아니라, 현재 교사로 일하고 있습니다. 운명의 아이러니 아닐까요? 지금 선생님과 제가 동료 교사라면…… 제가 물론 선생님보다 더 나은 교사죠. 저는 제 학생들을 지지해주고, 누구도 포기하지 않아요. 수업에서는 모든 학생들에게 공평하게 기회를 나눠주고요. 이제 선생님이 저를 자신 없고 불안하게 만들도록 더 이상 내버려두지 않겠습니다!

불안의 근원에 보내는 편지 쓰기

과거에 당신을 불안하게 했던 사람 하나를 골라 그에게 편지를 써보자. 그 사람의 판단이 잘못됐다는 사실을 적어보는 것만으로도 당신의 불안을 해소할 수 있다. 과거의 경험이 더 이상 당신의 발목을 잡는 일이 없어야 한다.

Chapter 4

자신감의 토대, 나의 발견과 수용

이 장에서는 스스로를 더 잘 이해하고 파악할 수 있는 방법을 다룬다. 자신의 능력, 욕구, 강점, 약점을 알고 이를 수용해야 자신감 있는 태도가 가능하기 때문이다.

우선 나의 현재 모습이 어떤지, 나는 도대체 누구인지 알아내는 방법을 개괄적으로 설명하려 한다. 그다음 그렇게 발견한 현재 자신의 모습을 있는 그대로 수용할 수 있는 방법에 대해 다룰 것이다.

나를
결정하는 것들

나를 안다는 것의
진정한 의미

자신에 대해 안다는 것은 자신의 성격과 개성을 명확하게 밝혀내는 것을 의미한다. 우리의 내면에는 상당히 다양한 인격들이 존재하는데, 방금 무엇을 했는지 혹은 누구와 함께 있는지에 따라 완전히 다른 면모가 드러날 수 있다. 마치 빛을 어떻게 비추느냐에 따라 다이아몬드가 다르게 보이는 것처럼 말이다.

이러한 수많은 '나'는 누가 만드는가? 많은 요소들이 기여하고, 어떤 요소들은 거의 영향을 주지 못한다. 그럼 내 성격과 개성을 결정하는 요소들을 하나하나 살펴보자.

타고난 기질

나를 결정하는 첫 번째 요소는 타고난 재능이다. 누구나 길을 나설 때 장비를 갖추지만 모두 같은 장비를 갖고 출발하는 건 아니다. 사실 이건 정말 불공평하다. 눈에 띌 만큼 뛰어난 외모를 갖고 태어나는 사람도 있고, 수학적 재능을 타고나는 사람이 있고, 매우 열정적인 성격을 갖고 태어나는 사람도 있다. 자신감도 유전적인 영향을 받지 않을 수 없다. 예를 들어 어떤 사람들은 태어날 때 이미 다른 사람들보다 심리적으로 훨씬 균형이 잡혀 있어서, 같은 상황에 처해도 다른 사람들보다 상처를 훨씬 덜 받는다. 방어력이 아주 강한 사람들을 심리학에서는 회복탄력성이 있다고 말한다. 반면 매우 민감한 성향을 가진 사람은 취약하다고 이야기한다. 유감스럽게도, 태어날 때 입고 나오는 보호갑옷의 두께는 스스로 결정할 수 없다.

루이자와 에밀리는 같은 소도시에서 자랐다. 둘은 같은 학교에 다녔고, 에밀리는 루이자보다 4살 많았다.

둘 다 학교생활이 원만하지는 않았다. 루이자는 사춘기에 접어들면서 엄청나게 먹었고, 결과적으로 뚱뚱하다고 느껴질 만큼 살이 쪘다. 같은 반 친구들은 루이자의 몸집을 대놓고 놀렸다. 그녀를 고래라고 부르며 조롱하기 일쑤였다. 루이자는 친구들과 점점 더 거리를 두며 움츠러들었고, 자신이 아무 쓸모가 없다고 생각하며,

쉬는 시간에는 화장실에 숨어 있었다. 학교 성적은 점점 떨어졌고, 10학년을 마쳤을 때는 대학 진학을 포기해야만 했다. 지금까지도 루이자는 다른 사람들과 밥을 먹거나 대화를 나누는 걸 매우 힘들어한다. 또한 한 번도 남자친구를 사귄 적이 없다. 이런 모든 상황 때문에 너무나 불행했고 삶에 만족할 수 없었던 루이자는 마침내 심리치료를 받기로 마음을 먹었다.

에밀리도 학교 다닐 때 어려움을 겪었다. 이미 11살 때부터 여드름이 잔뜩 났고, 그런 에밀리를 반 친구들은 조롱하고 놀렸다. 그러나 그녀는 이런 놀림 앞에서도 아주 당당하게 대응했다. 학교에서 에밀리는 항상 책을 갖고 다니며 읽었는데, 덕분에 독일어 수업에서 높은 점수를 받았다. 그래서 친구들은 그녀와 친해지고 싶어 했다. 또한 에밀리는 배구 클럽에 가입해 활발히 활동하며 친구들을 만들었다. 에밀리는 여드름 때문에 위축되고 학교에서 힘든 상황에 놓였음에도 불구하고 숨지 않았고, 정신적 건강을 잃지 않았다. 23살에 에밀리는 학업을 성공적으로 마쳤고, 배구 클럽에서 사귀게 된 남자친구와 함께 살기로 했다.

에밀리와 루이자는 겉으로 보기에는 매우 비슷한 경험을 했다. 그러나 이 두 사람은 비슷한 경험을 완전히 다르게 소화했다.

비록 불공평하게 느껴지겠지만, 우리는 이미 특정한 모습과 장단점을 갖고 태어났다는 걸 받아들일 수밖에 없다. 타고난 기질을 부정하는 건 아무런 도움이 되지 않는다. 수줍음, 신경질적인 성격, 골똘히 생각하는 경향, 상처에 민감한 성향 등을 수용하고 책임지는 것은 쉬운 일이 아니다. 그러나 이것들을 수용하면 주어진 환경에서 최선의 것을 끌어내는 새로운 힘이 생길 수 있다.

유년기의 경험

두 번째 요소는 다름 아닌 경험이다. 살아가면서 겪은 경험은 한 개인이 자신감을 발휘하고 개성을 개발하는 데 결정적인 역할을 한다. 특정한 경험이 불안의 근원이 될 수 있음을 3장에서 다뤘다. 그러나 어떤 경험이 지금 내 모습에 정확하게 어떤 영향을 끼쳤는지를 총정리해서 말하는 건 당연히 불가능하다.

심리학에서는 특히 유년기의 경험에 주목한다. 모든 아이들은 특정한 기본심리욕구(인간이 기본적으로 가지고 있는 중요한 심리적 욕구)를 가지며, 아이가 안정적이고 자신감 있게 개성을 발전시키고 발휘하기 위해서는 이 기본심리욕구가 충족돼야 한다. 심리학자 제프리 영Jeffrey Young은 아이가 꼭 충족해야만 하는 욕구를 ① 타인과의 안정적인 관계 ② 소속감 ③ 경쟁력과 자립심 ④ 자유로운 욕구와 감정 표현 ⑤ 자발성과 유희 ⑥ 현실적인 한계로 정리했다.

타인과의 안정적인 관계   아이가 특정 관계에서 안전한가 안정감을 경험하고, 그래서 그 사람에게 의지할 수 있다고 느끼는 건 특히 중요하다. 일반적으로는 부모와의 관계가 눈에 보이지 않는 망처럼 아이를 보호한다. 부모가 이런 역할을 할 수 없는 경우에는 다른 사람들, 예를 들면 할머니나 선생님 혹은 가까운 지인이 이 역할을 하기도 한다. 이런 안정적인 관계를 맺지 못한 아이들—예를 들어 부모가 신체적·정신적으로 병이 있거나 사망한 가정, 혹은 한부모 가정에서 자란 아이들—은 성인이 돼서도 종종 불안해하고, 다른 사람들이 자신을 위한다는 사실을 믿지 못한다. 한편 이것은 인간은 타인과의 관계 속에서 자신이 누구인지 알게 된다는 증거이기도 하다. 안정적이고 신뢰할 수 있는 관계가 형성되지 못하면 아이가 스스로에 대해 알아가기 힘들고, 내면의 자신감을 찾아내기란 매우 힘들다. 한편 어려서 버림받은 경험이 있는 사람은 다시 버림받지 않기 위해서 다른 사람과의 관계에서 자신감 없이 행동한다.

소속감　　　사람은 평생 동안 여러 사회 체제 속에서 살아간다. 가족, 학교, 회사, 동아리, 각종 모임, 이웃, 테니스 클럽 등 다양하다. 이러한 사회 체제에서 소속감·유대감은 중요한 감정이다. 물론 때에 따라서 소속감을 느끼지 못하고 소외된 존재라고 느낄 수도 있다. 그런데 자신이 남들과 '항상 다르다'라고 생각해서 그 어디서도 소속감을 갖지 못하는 사람들도 있다. 뚱뚱하고 여드름이 많아 항상 조롱당했던 에밀리와 루이자의 경우처럼 어려서 특정 사회 체제에서 소외되는 경험을 하게 되면 건강한 자신감이 개발되기 힘들다. 이런 경험을 한 사람들은 어른이 된 후에도 자신이 영리하지도, 매력적이지도, 자신감에 넘치지도 않고, 남의 관심을 끌지도 못한다고 생각한다.

경쟁력과 자립심 　　유년 시절에 자립심과 경쟁력을 기르는 경험을 하면, 자신이 무엇을 잘할 수 있고 자신을 규정하는 것이 무엇인지 상상하고 경험할 수 있다.

어렸을 때 자신의 특정한 능력을 인정받은 사람은 자신의 경쟁력이 무엇인지 직감할 수 있다. 이런 사람은 자신의 능력을 무시당하고 부정적인 평가를 받은 사람보다 당연히 훨씬 더 큰 자신감을 가지게 된다. 자립심도 마찬가지다. 크고 작은 모험에 도전해 어려움을 극복해본 사람은 자신감의 강한 원천을 발견하게 된다. 부정적인 감정을 견뎌냈거나, 어떤 일을 혼자 힘으로 해냈다거나, 성공적으로 문제를 해결한 경험 등도 여기에 속한다.

최근 '헬리콥터 부모'라는 말이 사회에 회자되고 있는데, 그들은 자녀들을 끊임없이 보호하고 그들에게서 모든 어려움과 난관을 없애주려 한다. 그러나 유감스럽게도 이런 행동은 아이를 의존적으로 만들고, 스스로 무능력하다고 느끼게 한다. 결과적으로 헬리콥터 부모의 아이는 어른이 되어 건강한 자신감을 갖기 힘들다.

자유로운 욕구와 감정 표현　　아이가 자신에게 무엇이 필요하고 또 어떻게 느끼는지 솔직히 말하고, 상대는 아이의 생각을 진심으로 받아들이는 것을 말한다. 진심으로 자신의 의견에 귀를 기울이는 사람 앞에서 슬픔이나 분노 같은 부정적인 감정을 표현할 수 있었던 아이는 성인이 돼서 자신감 있게 살 수 있다. 가장 좋지 않은 경우는 부모가 부정적인 감정을 금지하거나 조롱하는 것으로, 그야말로 아이에게는 최악이다. 이런 경험을 한 아이는 어른이 된 후 종종 심리적 문제에 직면할 뿐 아니라 자신의 감정과 필요한 것을 말하기 힘들어하게 된다. 더구나 자유로운 표현은 자신감의 본질적인 부분이다!

자발성과 유희　　자신감 있는 사람은 다른 사람들과 함께 있을 때 자발적이면서도 거리낌 없이 행동하는 용기가 있다. 이들은 다른 사람들이 장난삼아 부담 없이 자신을 '바보'라고 놀려도 웃어넘길 수 있으며, 자신에게 필요한 것을 스스로 만들어내고 이에 만족할 줄 알 뿐만 아니라, 타인의 평가에 그렇게 신경 쓸 필요가 없다는 걸 안다. 어렸을 때 자발적으로 놀이를 주도한 경험을 충분히 했기 때문에 가능한 일이다.

반면 자신감이 약한 사람은 다른 사람들 앞에서 항상 부끄러워한다. 또한 자발적으로 행동해야 하는 상황을 어떻게든 피하려 한다. 혹시 자발적인 행동에 도전을 했다고 해도, 자신감이 약한 사람에게 이는 좋은 경험이 아니라 단지 '버텨낸' 것에 불과하다. 이런 사람의 부모는 아이의 많은 걸 금지하고 일일이 통제했으며, 심지어 자신들의 삶에서조차 자발성과 재미를 위한 자리를 거의 내주지 않았을 가능성이 크다. 이렇게 삶에서 많은 것을 제어하고 통제하려는 행동은, 자신에 대한 다른 사람의 평가를 두려워하는 심리상태와 관련 있다. 당연히 이는 건강한 자신감을 갖는 걸 방해한다.

<u>현실적인 한계</u>　　현실적인 한계를 인식하는 것은 자발성과 유희에 대한 필요와는 정반대다. 만약 어떤 제한도 두지 않는다면 어떨까? 예를 들어 모든 것이 허용되거나, 한도 끝도 없이 돈을 쓸 수 있거나, 모든 것을 요구할 수 있다면, 지나치게 강한 자신감을 형성할 수 있다. 1장에서 설명한 나르시시즘의 개념을 기억할 것이다. 나르시시즘이 지나친 사람은 다른 사람들의 욕구나 감정을 무시할 가능성이 높고, 다른 사람을 배려하고 신경 쓰는 걸 끝내 배우지 못한다. 그래서 학교나 직장, 친구관계에서 갈등을 일으킬 수 있다.

　반대로 어린 시절에 현실적이고 적절한 제한을 받으며 성장한 사람은 건강한 자신감을 발전시킬 수 있다. 이들은 다른 사람을 배려하는 법을 알며, 무언가를 포기해야만 하는 상황에서도 극적

인 감정 동요가 일어나지 않는다.

어린 시절을 한번 되돌아보며, 기본심리욕구가 어느 정도로 충족됐는지 살펴보자. 우선 기본심리욕구가 충족됐던 상황이 생각날 것이고, 그다음에는 반대의 상황이 떠오를 것이다. 한두 가지 혹은 많은 욕구가 잘못된 방향으로 충족됐던 경험이 생각날 수도 있다. 이미 3장에서 어려운 경험들을 극복하고, 예전의 상처들을 치유하도록 자극을 주는 방법을 소개했으니 참고하라.

의식적인 결심

자신의 모습에 큰 영향을 주는 세 번째 요소는 자신이 내리는 의식적인 결심이다. 앞에서 언급한 두 가지 요소, 즉 타고난 기질과 유년기의 경험 역시 나를 결정하는 데 어느 정도 영향을 끼친다. 하지만 결정적인 영향을 끼치는 요소는 다름 아닌 자신의 가치에 기반한 '의식적인 결심' 그 자체다. 다시 말해 사람은 스스로 중요하다고 생각하는 것, 얻고자 애쓰는 것, 삶을 위해 추구하는 것 등을 충족시키기 위해 직접 결정을 내리고, 이는 내 모습에 큰 영향을 끼친다는 뜻이다.

삶에는 여러 다양한 가치가 있다. 모험·가족·성실함·인정·자신감·노력·사랑·소속감·정직함·조화·안전성·권력 등을 예로 들 수 있다. 사람마다 우선시하는 가치에 따라 서로 다른 결정을 내리게 된다. 예를 들어 권력과 인정받는 것을 중요하게 생각하는 사람은, 조화와 안정성을 지향하는 사람과는 뚜렷이 다른 결정을 내릴 것이다.

토비아스는 형제자매들 간 유대가 매우 긴밀한 가정에서 자랐다. 그는 자라면서 혼자라고 느낀 적이 거의 없었으며, 형제자매 중 한 사람이라도 늘 그의 곁에서 그를 돌봐줬다. 청소년기부터 그는 자신이 가족을 돌보는 일을 중요하게 생각한다는 걸 알았다.

토비아스는 대학에서 그의 아내 에바를 만났는데, 그는 에바가 직장에서 인정받는 것을 매우 중요하게 생각한다는 사실을 금방 알아차렸다. 반면 그는 그런 것에 큰 가치를 두지 않았다.

대학을 졸업하자 에바는 곧 급여가 많은 좋은 직장에, 그것도 승진 가능성이 높은 직장에 취직했다. 한편 토비아스는 자신의 가치에 맞게 가족을 돌보기로 결정했다. 당연히 갈등도 생겼지만, 그럼에도 불구하고 에바와 토비아스에게 이 역할 분담은 이상적이었다. 결국 두 사람 모두 각자의 가치에 맞게 만족하며 살 수 있었다.

가치란 어느 방향으로 갈 것인지를 결정하는 내면의 나침반과 같다. 내게 특히 중요한 가치가 무엇인지 깨닫고 이와 조화를 이루는 결정을 내릴수록 올바른 삶을 살아간다고 느끼게 되고 더 안정감이 들고 만족스러울 것이다.

지금까지 알아봤듯이 기질, 유년기의 경험, 의식적인 결심이 모두 모여 한 사람의 성격과 자신감을 결정한다. 그런데 이렇게 형성된 성격이 반대 방향으로 영향을 끼치기도 한다. 즉 기질이나 유년기의 경험을 해석하는 방식에 영향을 끼치거나 가치를 바꿔놓을 수도 있다는 뜻이다.

하루 5분, 자신감 연습 11

가치 발견하기: 내게 중요한 것은 무엇인가?

다음의 박스에 삶의 여러 다양한 가치를 제시해놓았다. 이 중에서 당신에게 특히 중요한 가치가 무엇인지 직접 적어보고, 그 이유도 함께 적는다. 만약 당신이 추구하는 가치가 없다면 꼭 이 중에서 고를 필요 없이 자유롭게 적어도 좋다. 생각이 나지 않는다면 우선 비워두고, 나중에 문득 생각이 나면 채워도 좋다. 혹은 더 중요한 가치가 생각났다면 고쳐 적어도 된다. 내 삶에서 정말 중요한 가치가 무엇인지 가려내도록 도울 것이다.

모험	가족	성실함	인정	성공	자신감	노력	사랑
소속감	정직함	조화	안전성	권력	재력	능력	신앙

가장 중요하다고 생각하는 것:

그 이유:

두 번째로 중요하다고 생각하는 것:

그 이유:

내 성격
파악하기

성격을 결정하는
다섯 가지 요소

이제 스스로를 더 정확하게 파악하는 방법을 소개하려 한다. 자신에 대해 완벽하게 안다고 생각하는 사람은 거의 없다. 따라서 우리의 목적은 자신을 완벽하게 아는 것이 아니라, 더 많은 걸 알려는 노력을 멈추지 않는 것이다. 성격은 감정, 생각과 행동 방식에서 비롯된 특정한 유형이며, 그 사람을 다른 사람들과 구별하게 한다. 각각의 성격은 셀 수 없이 많은 면을 지니지만, 심리학자 페터 보르케나우Peter Borkenau 와 프리츠 오스텐들프Fritz Ostendolf의 연구에 따르면 성격의 중요한 기본적 요소에는 다섯 가지가 있다.

개방성　　새로운 경험과 도전을 대하는 태도를 말한다. 개방성이 약하면 그 사람은 조심스럽고 소극적인 성향을 지닌다. 반대로 개방성이 강하면 용기 있고 호기심이 많으며 새로운 경험과 도전을 제대로 찾아 나설 줄 안다.

감정적인 안정감　　특성한 상황에서 느끼는 감정의 폭을 말한다. 감정적으로 안정감이 낮은 사람은 예민하고 마음을 다치기 쉽다. 반면 감정적으로 안정돼 있으면 편안하고 감정적인 동요가 크지 않다.

외향성　　생각과 행동이 바깥을 향하는 사람을 외향적이라고 표현한다. 외향적인 사람들은 남들과 어울리기를 좋아해서 다른 사람에게 거리낌 없이 접근하며 모험심이 가득하다. 반대로 내향적인 사람들은 생각과 행동이 자신의 내면을 향하며, 앞으로 나서는 걸 꺼리고 수줍음을 많이 탄다.

조화　　화합이라고도 한다. 다른 사람들에 대해 얼마나 긍정적으로 느끼는지를 말한다. 남들과 조화를 잘 이루는 사람은 사회성이 좋고, 다른 사람들이 필요로 하는 것을 성취하도록 배려하고 도와줄 준비가 돼 있다. 조화롭지 못한 사람은 자신이 필요한 것에만 집중하려고 하며 붙임성도 없다.

성실   목적을 성취하기 위해 스스로를 잘 관리하는 것을 의미
한다. 성실한 사람은 계획을 세우고 확실하게 실행하며, 사정에
따라 조금씩 차이는 있지만 대부분의 경우 정확하게 계획대로 끝
마친다. 그러나 성실하지 못한 사람은 일을 형편없이 처리하거나
목적이 무엇이었는지조차 놓쳐버린다.

　연구에 따르면 외향적인 성향을 지닌 사람은 내향적인 사람들
보다 대체로 더 행복하다. 외향적인 성향의 사람들이 더 쉽게 긍
정적인 경험을 하거나 맞닥뜨린 상황을 긍정적으로 평가하며, 스
스로에게 아주 만족하기 때문일 것이다. 그 외에도 그들은 부정적
인 감정, 상황, 다른 사람과의 관계에 긍정적인 영향을 주는 힘을
갖고 있다. 바로 자기효능감이다. 자신의 행동이 효력을 지니고,
매우 효과적이며, 원하는 목적을 이룰 거라는 기대감을 말한다.
자기효능감이 적은 사람은 다른 사람에게 휘둘리고 대부분 수동
적인 자세를 취한다. 그들은 자신들의 태도가 상황을 변화시킬 수
있다는 걸 믿지 않기 때문이다.
　만약 어떤 특정한 상황에서 용기 있게 외향적으로 행동하겠다
고 결정을 내릴 수 있다면 자기효능감을 높일 중요한 기회가 될
것이다. 8장에서 용기 있게 행동하는 방법을 자세히 다루고 있다.

성격 콜라주 만들기

사람은 때로는 자신이 강하다고 느끼지만, 또 어떤 경우에는 한없이 약하다고 느낀다. 자신을 자랑스럽게 여기기도 하고 부끄럽게 생각하기도 한다. 그렇지만 대부분 지속적으로 반복해서 느끼는 자신만의 어떤 성격이 있다. 스스로를 더 잘 알고, 다양한 소질을 발견하도록 동기부여를 하기 위해 성격 콜라주를 만들어보자. 그 방법은 다음과 같다.

A3 크기의 넓은 종이를 준비한다. 여기에 당신 성격의 다양한 면을 적는다. 그 단어들 밑에, 당신 성격을 묘사하는 적절한 시각자료들을 찾아서 붙여준다. 신문이나 잡지, 사진, 편지에서 찾을 수도 있고, 꽃이나 나뭇가지 등 자연에서 얻을 수도 있다. 십자가나 브랜드 로고 등 상징물도 괜찮다. 거꾸로 적절한 자료를 찾다가 당신 성격을 묘사하는 단어를 새롭게 떠올릴 수도 있다. 이렇게 하다 보면 상상력과 창의력이 한계 없이 발휘될 것이다!

혹은 다음과 같은 방법으로 만들 수도 있다. 다양한 삶의 단계마다(그 기준은 나이가 될 수도 있고, 생활환경의 변화 혹은 목표의 변화가 될 수도 있다) 자신의 성격에서 어떤 면이 중요했었는지 적어보자. 외부 환경에 대응해 어떻게 행동했는지, 내면에서는 무엇을 느꼈는지 적어보자. 또한 어디로 가야 하는지, 미래에 대한 어떤 비전을 갖고 있는지 적는다. 그리고 여기에도 적절한 시각자료들을 찾아서 붙여준다.

이 연습의 가장 중요한 목표는 자신에게만 몰두하는 시간을 갖는 것이다. 당신도 잘 알고 있겠지만 일상생활에서는 그럴 시간도 기회도 별로 없다. 또한 너무 잘하려 하거나 예쁘게 만들려 하지는 말자. 이 콜라주를 만드는 목적은 예술상을 받거나 칭찬을 들으려는 것이 아니다.

어떻게 만들지 여전히 감이 오지 않는다면, 다음 사라의 사례를 읽어본다.

다른 사람들은 사라가 별 관심을 끌지 못하는 인기 없는 여자, 혹은 속마음을 잘 털어놓지 않는 사람이라고 말한다. 그리고 사라 역시 자신의 소심한 태도에 쉽게 신경질을 내기도 한다.

사라가 자신의 성격 콜라주를 만들기로 결정했을 때, 그녀는 도대체 어디서부터 어떻게 시작해야 할지 전혀 감을 잡을 수가 없었다. 그리고 콜라주를 잘못 만들지는 않을까, 콜라주를 만들다 괴로우면 어쩌나 하는 생각들이 떠올랐다. 하지만 이번에는 당장 포기하지 않으려 했다.

사라는 기억을 더듬었다. 예전에 쓴 일기를 읽고, 사진을 들여다보고, 친구들과 지인들이 그녀를 어떻게 보는지에 대해서 몇몇 질문을 던지고 스스로 대답하려 애썼다. 그러면서 사라는 자신에게 서로 다른 모습이 있다는 것을 알게 됐다. 콜라주 반쪽은 사라이 긍정적인 부분이다. 친구들과 프라하로 여행 갔을 때 찍은 사진과 자신이 그린 그림들, 그녀가 좋아하는 책에서 인용한 문구들과 여행 가고 싶은 장소들의 사진들이다. 이 모습은 혼자 있거나 아주 친한 친구들과 함께 있을 때 나타나는 모습으로, 익살스럽고 재치 있으며, 흥미로운 일을 시작할 줄 알고, 스스로 만족한다. 그런데 콜라주의 다른 반쪽은 완전히 달랐다. 너무나 싫은 인기 없는 여자의 모습으로 정말 우울한 분위기였다. 사라의 머릿속으로 번개가 지나간 것 같았고, 사라는 콜라주를 반으로 찢어버렸다.

사라는 우울한 분위기의 콜라주를 살펴봤다. 그 위에 '우울한 생쥐(눈에 띄지 않는 사람을 비유하는 말 — 옮긴이)' 그림을 붙이고 커다란 돌담을 주위에 그렸다. 그러고는 뒤로 한 걸음 물러서서 두 콜라주를 꼼꼼히 살펴본 후, 이 상태가 계속 유지되면 안 된다는 사실을 명확히 깨달았다. 사라의 이 두 모습은 서로 더 가까이 다가가야 한다.

그녀는 반짇고리에서 두꺼운 바늘과 붉은색 양모 실 뭉치를 꺼내, 두 콜라주를 거칠게 듬성듬성 꿰맸다. 이 행동을 통해 내면의 우울한 생쥐를 거부하는 걸 이제는 멈춰야 한다는 생각이 분명해졌다. 소심하지만 신중하게 행동하는 것 역시 그녀 자신의 모습이기 때문이다. 다른 한편으로 유쾌하고 밝은 모습의 자신을 더 많이 보여줄 때가 됐다. 사라는 신발 팸플릿에서 분홍색 장화를 오려내 생쥐한테 신겼다. 그렇다, 그렇게 변할 수 있다.

관계 속에서
성격 발견하기

어떤 사람에게는 성격 콜라주를 만드는 건 그다지 어렵지 않다. 이들은 자신의 강점과 약점에 대해 이미 직감적으로 파악하고 있었던 사람이다. 그런데 이런 작업을 쉽게 해내지 못하는 사람도 많다. 이 경우 친밀한 인간관계를 활용하는 것도 한 방법이다.

함께 있을 때 스스로 가장 강력하게 자신감을 가질 수 있는 지인을 두 명만 적어보자. 배우자일 수도 있고, 친구, 부모님, 직장동료일 수도 있다. 함께 있으면 기분이 좋아지고, 용기가 생기고, 자신의 욕구와 감정에 대해 말할 수 있는 그런 사람이다.

1.   2.

그다음, 함께 있을 때 가장 위축되며 자신감이 없다고 느껴지는 사람 두 명을 적는다. 예를 들어 자신을 이용했다고 생각되거나, 그들과 적절한 거리를 두는 것이 불가능하거나 자신을 불안하게 만드는 사람들이다.

1   2.

모두 적었으면, 그 사람들에 대해 다음의 질문을 받았을 때 어떤 대답을 하게 될지 생각해보자.

- 이 사람과 같이 있을 때 나는 무엇을 느끼나?
- 이 사람은 어떻게 나를 자신 있게(혹은 자신 없게) 만드는가?
- 이 사람은 나와 함께 있는 걸 좋아할까? 그렇다면 그 이유는 무엇일까? 만약 그렇지 않다면 그 이유는 또 무엇일까?
- 이 사람은 나의 어떤 점을 바꾸고 싶어 하나?
- 이 사람이 마음에 들어 하는 내 성격은 어떤 점인가?
- 이 사람이 내게 원하는 것은 무엇일까?
- 제3자가 볼 때, 이 사람과의 관계에서 내가 어떤 역할을 한다고 생각할까?

이 질문들이 자신을 새롭게 바라보는 데 도움이 됐는가? 스스로에 대해 새롭게 깨달은 것이 있는가? 모두 성격 콜라주에 적어놓자.

물론 한 사람의 성격은 다른 사람과의 관계에서만이 아니라, 자신과의 관계에서도 그 모습을 드러낸다. 이런 관계를 더 잘 이해하는 데 다음의 연습이 도움이 될 것이다.

상상 연습: 자신과의 만남

우선 조용한 장소를 찾는다. 편안히 앉거나 누운 후 두 눈을 감고 호흡에만 집중한다. 그리고 안전하게 보호받는다고 느낄 만한 장소를 상상한다. 넓게 트인 잔디밭도 좋고, 거실이나 방 혹은 예전에 가봤던 멋진 장소도 좋다. 이 장소에 의자나 소파 등 앉을 만한 것을 상상한다. 그 자리에 앉아서 주변을 둘러보라.

이제 14살이나 15살의 자신이 여기 와서 앉았다고 상상하자. 그를 바라볼 때 어떻게 느껴지는가? 이 순간이 즐거운가 혹은 불편한가? 그의 옆에 앉거나, 만져보거나 혹은 거리를 두고 싶은가? 그에게 무슨 말을 해주고 싶을까?

이런 식으로 자신을 끌고 가본다. 모든 연령대를 이렇게 훑어보아야 한다. 만약 지금 30살이면 10대, 20대, 60대, 80대의 나를 상상 속으로 불러들인다. 자신이 어떤 자극을 받는지 살피고, 각 연령대의 나에게 묻고 싶은 말이나 해주고 싶은 말이 있는지 생각한다.

모든 연령대를 훑었다면, 이번에는 이들을 둥글게 빙 둘러앉히고 관찰한다. 모든 연령대의 내가 함께 있는 것을 보는 건 어떤 느낌일까? 과거의 나와 미래의 내가 현재를 잘 살아가고 지금의 나를 지원하고 격려하기 위해 존재한다는 걸 느끼게 될 것이다. 편안하고 조화로운 기분을 느끼며 서서히 눈을 뜬다.

이번 상상 연습은 어땠는가? 하나의 혹은 여러 연령대의 내가 서로 화해하거나 서로를 수용하는 건 중요하다. 유년기의 나를 받아들이고 지금의 나와 통합시키는 건 어려운 일이 아니다. 그러나 청소년 시기는 대부분의 사람들이 고통스럽거나 서투르게 보내기 때문에 상상하기 어려울 수 있다. 하지만 지금의 내가 편안하려면 이 힘든 시기도 자신의 한 부분으로 받아들여야 한다. 그 시기의 나도 다른 사람이 아닌 나였던 걸 부정할 수 없다!

이제 당신이 어떤 사람인지, 어떤 성격이고 어떤 장점과 단점을 가졌는지 알게 됐다. 어떤 부분은 인정하기 싫을 수 있다. 하지만 그것 역시 당신의 일부임을 인정해야 한다. 불편한 느낌을 수용하고 이와 화해하는 방법을 바로 다음에서 알아보자.

나 자신을 있는 그대로
바라보는 법

수용이란
무엇인가

　　　　　　수용은 자신이 느끼는 감정을 받아들이는 것, 혹은 벌어진 상황과 주어진 조건을 인정하는 것이다. 즉 "나는 그렇게 느껴." 혹은 "이미 일어난 일이야."라고 말할 수 있는 것이다. 그런데 사람들은 종종 자신의 힘으로는 어떻게 할 수 없는 것 때문에 힘들어한다.

파트리시아는 자신의 작은 키에 불만이 많다. 부모님이나 다른 자매들과 마찬가지로, 그녀 역시 몸이 매우 왜소하고 키가 155센티미터도 안 된다. 외모에 신경 쓰기 시작한 나이부터, 파트리시아는 조금만 더 키가 컸으면 얼마나 좋을까 생각했다.

그녀는 거의 매일 굽이 높은 구두를 신었다. 저녁마다 발의 통증 때문에 고생하면서도 굽 높은 구두를 고집했다. 심지어는 키가 작아서 남들이 자신을 인정하지 않고, 자신의 가치를 알아주지 않는다고 느꼈다. 그래서 직장에서 모든 업무를 완벽하게 처리하려고 애썼고 항상 야근을 했다.

그런데 최근에 업무가 부담스럽게 느껴졌고, '완전히 고갈됐다'라고 생각될 만큼 피곤했다. 딸의 건강이 걱정된 엄마는 그녀에게 문화센터에서 열리는 긴장 완화를 위한 프로그램을 적극 권했다. 이 프로그램에서는 수강생 모두가 매트 위에서 눈을 감고, 자신의 몸을 만지며 느끼는 시간을 가졌다.

파트리시아가 자신의 발을 만진 순간, 늘 자신을 괴롭혔던 익숙한 통증이 가슴에 와 닿았다. 갑자기 자주 생각했지만 한 번도 제대로 이해하지 못했던, "더 이상 안 할 거야!"라는 생각이 떠올랐다. 처음으로 자신이 얼마나 많은 에너지를 그저 불만을 토로하는 데 썼는지 확실히 알 수 있었다. 그렇게 키에 매달리며 생각하고 불만스러워해도 키는 1센티미터도 더 크지 않는다. 집으로 가는 길에 파트리시아는 외모에 대한 불만과 콤플렉스에 도전할 기운이 생겼다. 집에 도착해서 거울 앞에 선 그녀는 자신에게 말했다.

"내 키는 정말 작아. 그것 때문에 정말 화가 나. 하지만 이 상황을 바꾸기 위해 내가 할 수 있는 건 없어. 아무리 불만스러워하고 큰 키를 간절히 원해도 바꿀 수 없어. 그러니까 오늘부터 자신을 괴롭히는 건 그만두자."

다음 날 아침, 파트리시아는 편안한 스니커즈를 신고 힘찬 발걸음으로 직장을 향했다.

약점도 기꺼이
수용해야

파트리시아처럼 오랫동안 자신과 삶을 방해하고, 아무리 신경 써도 바꿀 수 없었던 것이 있는가? 이것은 키나 몸무게, 혹은 지나치게 커다란 코일 수도 있다. 아니면 개인적인 성격일 수도 있다. 예를 들면 재치 없고, 남을 지루하게 만들고, 불안에 떨고, 똑똑하지 않고, 남의 흥미도 끌지 못하는 성격 등이 종종 자신을 괴롭히기도 한다. 스스로를 비난하는 그 올가미는 우리를 옥죄며, 헛되이 많은 에너지를 쏟게 만든다.

브라질 원주민이 원숭이를 포획하려고 할 때, 격자로 조그만 우리를 만들어 그 안에 바나나를 넣는다. 격자의 간격은 바나나가 빠져나올 수 없을 정도로 좁다. 원숭이는 우리 안의 바나나를 보는 순간, 그 바나나를 잡으려고 격자 사이로 손을 뻗어 바나나를 잡는다. 하지만 바나나를 꺼낼 수가 없기 때문에 우리 안에 손을 넣은 채 계속 매달려 있게 되고 원주민은 힘 들이지 않고 원숭이를 마을로 데려오는 것이다. 원숭이가 바나나를 놓기만 했어도 자

매일 조금씩, 자신감 수업

유롭게 도망갈 수 있었지만, 바나나를 꼭 붙잡고 있어서 그 기회를 놓친 것이다.

지금이라도 바나나를 놓아야 한다. 약점을 기꺼이 수용해야 한다. 그러면 훨씬 많은 에너지를 아낄 수 있고, 그렇게 아낀 에너지를 중요한 문제를 해결하고 목표를 성취하는 데 쓸 수 있다. '받아들이는' 연습은 현재의 문제점을 새로운 각도로 접근해서 이를 해결하도록 도와준다. 아주 어려운 길이 될 수도 있을 테지만 한 걸음씩 가다 보면 앞으로 나아가게 될 것이다.

하루 5분, 자신감 연습 13

내 모습 있는 그대로 받아들이기

자신의 약점을 수용해야 한다는 사실을 알았다. 그런데 자신의 어떤 약점을, 왜 수용해야 하는지 감이 잡히지 않을 수도 있다. 어떤 약점은 노력으로 고칠 수 있지만, 어떤 약점은 쉽사리 고칠 수 없어 받아들여야만 한다. 이 중 후자에 해당되는 약점을 찾아내는 연습을 할 것이다.

지금부터 나는 ＿＿＿＿＿＿＿＿＿＿＿ 는 것을 인정하려 한다. 그것을 내가 바꿀 수 없다는 걸 잘 알기 때문이다.

예) 나는 대화를 하면서 얼굴을 붉힌다.

다음의 생각들은 내 모습을 인정하는 데 도움이 될 것이다.

예) 나는 스스로를 오랫동안 충분히 괴롭혔다. / 그렇게 타고난 건 내 잘못이 아니다.

1.

2.

3.

이렇게 행동하면 내 모습을 받아들이는 데 도움이 될 것이다.

예) 거울을 집에 두고 나온다.

1.

2.

3.

바꿀 수 없는 일에 시간을 낭비하는 대신, 다른 일에 내 에너지를 쏟을 것이다.

예) 나를 신뢰하기. / 더 많은 경험을 쌓기.

1.

2.

3.

나를 자유롭게 하는
수용의 힘

수용의
진정한 의미

자신의 약점을 받아들이면 마음이 편해질 뿐 아니라 자기 자신을 거스르는 끝없는 투쟁을 조용히 가라앉힐 수 있다. 그렇지만 수용이 모든 것을 그저 내버려두거나 포기하거나, 모든 것을 좋게만 생각하는 걸 의미하지 않는다! 재산, 재능, 좋은 경험과 경쟁력이 얼마나 불공평하게 분배됐는지 놀라고 불만스러울 때가 많다. 그리고 누구도 이런 상황이 옳다고 생각하지 않는다.

수용한다는 것은, 무언가를 쟁취하기 위한 끝없는 투쟁을 멈추는 걸 의미한다. 일단 현실과 자기 자신을 있는 그대로 받아들이면, 자신의 눈을 가리는 것을 거둬낼 수 있다. 그러면 어떤 변화와 발전이 가능한지, 그리고 변화하기 위해 무엇을 할 수 있는지 명확히 볼 수 있다.

34살의 레오니는 자신이 기억하는 한, 여러 사람이 모인 자리에서 무언가 흥미로운 이야기를 전혀 하지 못했다. 그녀는 그런 자신이 늘 창피했다. 당연히 그녀의 인생에도 흥미로운 일이 일어나지만, 자신의 이야기를 두 사람 이상 듣고 있으면 레오니는 말이 꼬이기 시작한다. 몇 번에 걸친 훈련과 치유를 통해 그녀는 자신의 상황을 훨씬 잘 받아들일 수 있었다. 자신은 그저 사람들이 많이 모인 자리에는 맞지 않는 유형이었던 것이다.

지금은 많은 사람들이 아닌, 몇몇 사람들과의 관계에 더욱 신경을 쓰고 또 그 관계를 즐기는 것에 전념하고 있다. 많은 사람들과 함께 있어야 하는 상황, 예를 들면 축제나 파티 등에서는 사람이 많이 몰린 시끌벅적한 곳보다는 좀 조용한 자리로 물러나서 주변의 몇몇 사람들과 대화를 나눴다. 놀랍게도 그건 그렇게 힘들지 않았고, 그녀는 혼자 쓸쓸히 있지 않아도 됐다. 또한 많은 사람들이 자신의 말에 귀를 기울일 때, 사람들에게 둘러싸여 있을 때 그녀만 당혹스러워하는 게 아니라는 사실을 알 수 있었다.

약점을 다양한 관점에서
수용하기

수용의 자세는 자신의 성격을 새롭고 유연한 시각으로 바라보는 데 많은 도움이 된다. 약점에서 좋은 면을 발견하려고 노력한 적 있는가? 이상하게 들릴지 모르겠지만, 거의 모든 성격은 관점에 따라 강점 혹은 약점이 될 수 있다.

불안을 예로 들어보자. 당신은 이 감정이 부정적이라는 생각부터 할 것이다. 실제로 불안은 자신감을 낮춘다. 그러나 긍정적인 면도 무시할 수 없다. 불안을 잘 느끼는 사람은 다른 사람들이 필요로 하는 것에 굉장히 민감하며, 타인에게 감정 이입을 쉽게 할 수 있다.

> **하루 5분, 자신감 연습 14**
>
> ## 내 약점을 다르게 바라보기

약점이라고 생각한 것도 다른 관점에서 바라보면 강점이 될 수 있다. 다음의 예시를 읽고, 빈칸은 직접 채워보자. 자신만의 약점을 찾아내서 다른 시각으로 접근하고 관찰한 후, 이를 강점으로 전환해보는 것이다!

나는 이런 사람이다	다르게 생각하면 나는 이런 사람이다
항상 걱정이 많다	매우 꼼꼼하다
겁이 많다	주의 깊고 신중하다
남의 비판에 지나치게 예민하다	사회적인 징후를 잘 알아차린다
소극적이다	적절한 시점에서 물러설 줄 안다
항상 너무 골똘히 생각한다	정확한 판단을 내릴 수 있다
우유부단하다	결정을 함부로 내리지 않는다
부끄러움을 많이 탄다	사회 규범에 맞게 행동한다

나는 이런 사람이다	다르게 생각하면 나는 이런 사람이다

외모 그대로
바라보기

대부분의 사람들은 자신의 외모에 만족하지 못한다. 키가 너무 작거나, 매력적이지 않거나, 건강하지 않고 비리비리하다고 느낀다.

그런데 우리는 흔히 다른 사람보다 스스로에 대해 훨씬 엄격하고 냉혹한 잣대를 들이댄다. 자신에게 너무 잔인한 건 아닐까? 우리는 자신의 신체에 대해 다른 관점으로, 즉 공정하면서도 호의적인 관점으로 봐야 한다.

하루 5분, 자신감 연습 15

거울 속 내 모습 바라보기

연습을 하기 전에 안내하는 내용을 주의 깊게 잘 읽는다.

전신거울 앞에 서서 거울을 본다. 눈을 감고, 호흡에만 집중한다. 거울 속에 서 있는 사람을 직감적으로 파악해본다. 너무 길게 생각하려 하지 않는다. 호의적이고 수용하는 마음으로, 다정하게 공감하는 태도를 취한다. 만약 이것이 어렵다면, 거울 속의 사람이 내가 아니라 타인이라고 생각해본다. 자녀나 친한 친구처럼, 내가 관심을 가지고 그의 생각과 기분에 공감할 만한 그런 사람이다. 거울 속 인물에게 무엇을 느꼈나? 호의? 거부감? 자부심? 상냥함?

친밀함? 이 생각을 옳다 그르다 평가하지 않도록 하자.

이제 거울 속 사람에 대해 무언가 좋은 것을 생각해보자. 멋진 머리칼을 가졌다, 얼굴이 예쁘다, 자세가 올곧다 등등.

눈을 뜨고, 거울을 본다. 실제로 보니 어떤 생각이 드는가? 이제 거울 속 인물에게 들었던 부정적인 생각을 긍정적인 생각으로 바꿀 차례다. 모든 것을 받아들이는 마음으로, 호의를 갖고 관찰한다. 이렇게 말할 수 있어야 한다. "그래, 나는 이런 모습이야. 이 모습이 나야." 이 의견이 옳다는 걸 증명할 필요는 없다. 단지 자신이 사랑받을 만한 가치가 있다고만 생각한다.

잠시 눈을 감고 그 느낌을 따라간다. 그리고 눈을 뜬다.

직접 해보니 어떤가? 당신의 몸을 호의적인 시선으로 바라볼 수 있었나? 아주 잠깐이라도 그럴 수 있었다면 이미 반은 성공했다고 봐도 좋다! 중요한 건, 한 번이라도 그렇게 자신의 몸을 긍정적으로 바라보려고 노력했다면 그 노력이 계속 이 길을 갈 수 있는 작은 발걸음이 되리라는 사실이다.

이 연습을 일상생활에 적용하면 많은 도움이 될 것이다. 매일 아침 짧은 시간이라도 이 연습을 하거나, 따뜻한 물로 기분 좋게 샤워를 하거나, 향기로운 로션을 바르면서 자신의 모습이 꽤 괜찮나고 생각해보는 것이다.

자유로운 시선으로
나를 바라보기

수용은 지금까지 부정적으로만 바라봤던 상황에서 긍정적인 측면을 발견하는 데 도움이 된다. 편견이나 선입견 없이 그 상황에 몰두하면, 거기에서 새로운 점을 발견하게 된다.

마르티나는 34살의 초등학교 선생님으로, 음악가 집안에서 성장했다. 그녀는 노래 부르는 걸 좋아하긴 했지만, 한 번도 정규 성악수업을 받아본 적이 없었다. 그녀의 가족에게 마르티나는 '성악가가 아니었다.' 가족의 영향으로 마르티나는 성악가가 아니면 노래를 아예 하지 말아야 한다고 생각했다.

그런데 자신의 감정과 욕구를 주의 깊게 생각해본 후, 마르티나는 자신이 노래를 부르고 싶어 한다는 사실을 깨달았다. 그렇다고 정식으로 성악가가 되고 싶은 마음은 아니었다. 그저 노래를 부르면서 즐거운 시간을 보내는 것이 중요했다. 그래서 그녀는 합창단에 들어갔다. 합창단의 수준은 그녀의 가족들처럼 전문적이지는 않았지만 상관없었다.

아이케는 42살이며, 동료나 친구들이 축구에 대해 담소를 나누면 속으로 비웃었다. 그는 보수적이며 교양 있는 중산층 가정 출신으로, 그의 집에서 축구는 '노동자 계급'을 위한 천박한 경기일 뿐이었다. 월드컵 시즌, 동료들은 퇴근 후에 다 함께 축구경기를 보러 가자고 했지만 그는 항상 거절했다.

어느 날 아이케는 마음을 들여다보는 연습을 하다가, 함께 가자는 동료들의 제안을 거절하는 자신이 정말 외톨이처럼 느껴진다는 걸 알았다. 또한 자신이 늘 거절했는데도 불구하고 동료들이 여전히 자신을 챙겨주는 게 얼마나 기뻤는지를 깨닫고 놀랐다. 자신은 항상 축구 때문에 동료들을 비웃었는데 말이다.

그는 자신의 조롱하는 태도를 던져버리고 동료들의 제안을 받아들여 축구경기를 보러 갔고, 게임에 흥분하는 자신이 전혀 부끄럽지 않아서 깜짝 놀랐다. 그날 저녁, 아이케는 자신의 교양 있는 중산층의 태도가 선입견 없는 즐거움을 방해한다는 걸 깨달았다.

마르티나는 음악을 좋아하고 즐길 때 꼭 전문가 수준이 아니어도 된다는 걸 수용하는 데 성공했고, 아이케는 모든 것에 시니컬하게 거리를 두는 대신 함께하며 즐기는 자기 자신을 받아들였다. 두 사람 모두 예전에는 스스로 거부했던 자신들의 욕망을 만족시킬 수 있었다. 세상을 바라보는 데 조금 더 자유로워진 것이다.

나 자신을 솔직하게 바라보기

이제 자신에 대해 생각해보자. 우리의 삶에서 어떤 약점이나 욕망을 기꺼이 받아들일 수 있을까? 다음의 질문에 대한 답을 적으며 자유로움을 느껴보자.

예전이라면 불가능하거나 나쁘다고 생각했을 행동은 무엇인가?

예) 몸매 관리를 하지 않고 풀어져서 사는 것.

왜 그걸 나쁜 행동이라고 생각했나?

예) 몸매가 자기 관리의 척도라고 생각해서.

자유로운 시선으로 그 행동을 바라본다면 무엇을 할 수 있는가?

예) 긴장을 풀고 케이크 한 조각 정도는 맛있게 먹는 것.

Chapter 5

자신 있게 행동하기

지금까지 내면의 자신감을 다뤘다면, 이제부터는 외부를 향한 자신감과 다른 사람과의 관계를 개선할 수 있는 방법에 대해 아주 구체적으로 다루려 한다.

우선 다른 사람과의 의사소통부터 이야기해보자. 어떤 단어와 표현이 자신감에 영향을 줄까? 불안이 어디에서 나타나는가? 그다음 소위 몸의 언어, 즉 비언어적 의사소통에 대해 다룬다. 또한 일상생활에서 자신 있는 태도로 대화하고 행동하기 위한 몇 가지 구체적인 실행 방법을 제안하려 한다.

자신감 있는
대화의 원칙

**말 속에 숨겨진
자신감**

말 속에는 말하려는 내용 이상이 숨겨져 있다. 말은 말하는 사람이 어떤 사람인지 말해준다. 또한 그가 실제로 전하고 싶은 내용은 상황이나 표현 방식 안에 숨어 있는 경우가 많다.

거실을 장식할 그림을 찾고 있는 부부를 상상해보자. 남자가 말한다. "내 생각에 이 그림은 우리 집에 그렇게 어울리는 것 같지 않아." 그러나 여자는 같은 내용을 전달하더라도 이렇게 표현한다. "이 그림은 내 맘에 들지 않아."

둘 다 그림이 적절하지 않다고 표현했지만 드러난 표현 방식은 차이가 크다. 또한 그 말을 하는 사람들에 대해서도 많은 것을 말해준다.

남자의 말에서 쓰인 '내 생각에는' '~한 것 같지 않다' '그렇게'와 같은 표현은 말을 훨씬 부드럽게 해준다. 하지만 이런 표현은 말하는 사람이 그림에 대한 자신의 평가에 자신이 없다는 것을 추측하게 만든다. 이 말을 한 남자는 아주 완화된 단어들로 자신의 의견을 발함으로써 공격과 비판의 여지를 줄이고, 갈등을 피하려 한다는 인상을 준다. 더구나 그는 자기의 마음을 말하지 않고, '그렇게 어울리지 않아'라고 표현함으로써 책임을 보편화시켜버렸다.

이에 반해 여자는 자신의 의견을 아주 명확히 말했고, 표현도 단호하다. 그녀는 확실하고 직접적으로 표현함으로써 누군가 자신의 판단에 이의를 제기하더라도 피하지 않겠다는 태도를 보였다.

대부분의 경우 의식적으로 어떤 표현 방법을 선택하지는 않는다. 살아오면서 겪고 부딪쳤던 경험에 영향을 받아서 자신도 모르게 특정한 표현 방법을 선택하게 된다. 따라서 자신이 어떻게 표현하고 있는지 관심을 갖고 주의를 기울일 필요가 있다. 특히 여성들은 자신감이 없어 보이는 표현을 선택하는 경우가 많다. 당연히 이런 표현 방식은 자신의 의견과 관심사, 필요한 것을 표현하고 관철시키는 걸 어렵게 만든다. 특정 단어가 말하는 사람의 자신감을 얼마나 적나라하게 표현하는지 다음의 예에서 살펴보자.

파트리시아는 10년 전부터 규모가 큰 마케팅 에이전시에서 일하고 있다. 당시 그녀의 상사는 파트리시아의 업무 능력에 확신을 갖고 있어서 항상 그녀를 지지해줬다. 그런데 그 상사가 승진을 하면서, 파트리시아는 2년 전부터 새로운 여자 상사와 일하게 됐다. 문제는 그때부터 생기기 시작했다. 그녀가 부하직원들에게 원하는 실적 수준이 너무 높아서, 파트리시아와 동료들은 주어진 시간에 업무를 끝낼 수가 없었다. 게다가 이 상사는 초과근무 시간에 대한 이해가 전혀 없어서, 오로지 실적만 고려한 근무제를 도입했다. 파트리시아는 강도 높은 업무에 시달렸고, 매일 야근을 하는데 지쳤다. 더구나 그 상사가 중요한 업무에서 파트리시아를 계속 제외시키자 파트리시아는 자신의 능력을 상사가 전혀 인정하지 않는다고 느꼈다. 1년에 한 번씩 하는 상사와의 업무 상담에서 그녀는 이 문제에 대해 꼭 말해야겠다고 생각했다.

상사 본인의 작년 실적에 대해 어떻게 평가하고 있죠?

파트리시아 음, 잘한 편이었다고 생각해요. 고객들도 대부분 만족하는 편이었어요. 우리는 더 잘할 수 있었을 거라고 생각하고 있어요. 그런데 많은 직원들이 업무시간 안에 주어진 일을 다 해내지 못한다고 느끼는 것 같아요.

상사 그런 얘기는 전혀 들어본 적이 없어요.

파트리시아 음, 제 생각에 어려움을 느끼는 사람이 저 혼자만은 아닌 것 같아요. 아마도 현재 주어진 업무에 필요한 시간에 대해 좀 더 깊이 있게 생각해야 하지 않을까 싶어요. 팀 회의에서 이 주제에 대해 회의를 하면 어떨까요?

상사　　　그런 주제에 시간을 뺏길 수는 없어요! 그리고 회사 매출을 중심으로 고민했었던 결과이기 때문에 더 이상 논의의 여지는 없어요. 보니까 업무시간을 문제 삼는 건 당신밖에 없는 것 같네요.

이쯤에서 파트리시아는 이미 수세에 몰렸다고 느꼈고, 과다한 업무에 대해 항의할 자신이 없어졌다.

이 대화에서 파트리시아가 어떤 느낌을 받았고, 또 상대에게 어떤 인상을 줬는가? 자신이 말하고 싶은 것을 전달할 때 그녀가 얼마나 자신감이 없었는지 눈치챘는가? 더군다나 파트리시아가 솔직하지 않았다는 것도 알 수 있다.

이 대화를 읽으면서 어떤 사람은 파트리시아가 지나치게 자신 없이 표현했다고 느꼈을 수 있다. 그러나 현실에서도 이와 비슷하게 표현하는 사람들이 많다. 이런 표현 뒤에는 남에게 비난받지 않을까, 자신의 의견이 무시당하지 않을까 하는 걱정이 숨어 있다.

그렇다면 구체적으로 어떤 표현에서 파트리시아가 자신이 없다는 걸 알 수 있을까? 누군가는 파트리시아가 왜 그렇게 자신감 없는 인상을 줬는지 그 이유를 정확히 짚어내기가 쉽지 않을 것이다. 누군가는 그녀가 단지 정중하게, 조심스러운 방법으로, 상대방을 배려하면서 자신의 의견을 표현한 건 아닐까 의문을 던질 것이다. 하지만 단언하건대 전혀 그렇지 않다! 파트리시아가 매우 예의바르게 말한 건 사실이지만, 그녀가 처한 상황에서는 그런 식으로 표현해서는 아무것도 얻어낼 수 없었다. 다음의 '자신감 있게 말하는 방법'을 읽으며 생각해보자.

자신감 있게
말하는 방법

자신의 자신감을 상대방이 느낄 수 있도록 하는 대화의 기본 원칙을 살펴보자.

'나'를 주어로 한다
요구해야 하거나 바라는 것, 자신의 감정을 표현할 때는 '사람들' 혹은 '우리' 등의 단어로 두루뭉술하게 말하지 않는다. '나'를 주어로 시작한다. 나를 말의 주어로 삼으면 내 요구와 내 말이 직접적으로 연결되고, 그럼으로써 내 말에 무게가 실리게 된다.

명확히고 구체적으로 표현한다
내가 무엇을 원하는지를 구체적으로 말하자. 단지 말 속에 암시하고 단서를 던지며 상대방이 행간을 읽어주기 원하는 것은 잘못된 방식이다. 무엇보다도 거절 당할 위험이 크다.

짧게 표현한다　말하고자 하는 것을 필요 이상으로 길게 말하지 않는다. 자신의 관심사나 주장, 그 근거에 대해 끊임없이 계속 말하면 말의 무게를 잃고, 변명한다는 느낌마저 준다.

잘못은 인정한다　누구나 실수하거나 잘못을 저지를 수 있지만, 자신감이 있는 사람만이 자신의 잘못을 있는 그대로 바라보고 이를 남들 앞에 보일 수 있다. 자신의 행동에 대해서 구차하게 핑계를 대거나 이유를 찾으려 하지 말라. 대신 잘못을 인정하라!

필요할 때만 유감을 표한다　잘못한 것이 없다면 사과를 하는 표현은 자제한다. 이유 없이, 그저 부드럽게 표현하기 위해 용서를 구하거나 사과하는 표현을 사용하면 자신감 없다는 인상을 준다. 심지어 말하는 사람이 잘못 파악하고 있다는 느낌마저 준다.

침묵을 견뎌낸다　침묵은 누구에게나 불편하다. 그러나 어떻게든 이런 침묵을 채우려 애쓰지 않는다. 자신 없어 보일뿐더러 중압감을 느낀다는 인상을 준다. 무엇보다도 횡설수설하다가 말 실수를 한 확률이 높다! 내 의견을 모두 말했고, 더 이상 말할 것이 없으면 침묵을 견뎌내라.

애매한 단어는 쓰지 않는다　　꼭 필요한 경우가 아니면 '여하튼(어쨌든)' '원래는' '아마도'란 단어를 쓰지 않는다. 이런 단어들은 말하는 사람의 의견에 대한 신뢰를 약화시키거나 가치를 떨어트릴 뿐이다. 표현은 항상 정확해야 한다.

　여기까지 잘 읽었다면, 파트리시아가 상사와 나눈 대화에서 몇 가지 실수를 했다는 걸 눈치챘을 것이다. 금방 고칠 수 없다고 미리 짐작하며 낙담하지 말자! 하룻밤 사이에 바꿀 수 없는 건 너무 당연하다. 앞으로 어떤 표현을 선택할지 의식적으로 주의를 기울이면 된다.

　우선 자신이 신경을 쓰고 싶은 언어 습관을 생각해보자. 예를 들어 주어를 '나는'으로 말하는 것에 우선 집중할 수 있다. 이것에 익숙해지면, 그다음 단계로는 애매한 단어를 쓰지 않도록 노력하자. 그러고 나서 명확하고 구체적으로 표현하는 걸 시도할 수 있다. 새로운 대화 방식이나 표현을 자주 시도할수록 더 익숙해지고, 새롭고 낯설었던 표현들이 평범하게 느껴질 것이다!

　당신이 갑자기 명확한 태도를 보이면 주변의 몇몇 사람들은 놀리거나 당황할 수 있다는 점을 기억하자. 그러나 당신이 명확하게 의견이나 희망사항을 표현해야 결국 사람들이 당신을 존중한다.

자신감 있는 대화로 고쳐보기

다음은 자신감 있는 대화의 원칙에 따라, 왼쪽의 문장을 자신감 있게 고쳐 오른쪽에 적어본 것이다. 잘 읽고, 다음 쪽의 '자신 없어 보이는' 문장을 자신감이 전달되는 문장으로 고쳐 적어보자.

자신 없어 보인다	자신감이 전달된다
휴, 진짜 깜짝 놀랐어요, 그런데 노크를 한 거예요?	제 방에 들어올 때는 노크를 해주세요!
이 매장에서 신발을 샀는데 신자마자 찢어졌어요. 혹시 한 번 확인해주실 수 있으실까요?	신발을 샀는데 신자마자 찢어졌어요. 새 제품으로 교환해주세요.
그렇게 음악을 크게 틀어놓으면, 전화할 때 상대방이 뭐라고 하는지 제대로 들을 수가 없을 것 같은데.	음악 소리 좀 줄여줘. 통화 소리가 잘 안 들려.
저녁 먹을 시간 아니야? 난 좀 배가 고픈데…….	난 저녁을 먹어야겠어.
내가 네 이모네에 같이 가지 않아도 괜찮겠어? 미안해, 도움이 안 돼서…….	오늘은 네 이모네에 너와 같이 갈 수 없어. 일이 잘 해결되길 바랄게.

자신 없어 보인다	자신감이 전달된다
사람들은 그 그림이 예쁘다고 생각하지 않는 것 같아. 나도 그런 것 같고 다들 그렇게 생각하는 듯해.	
지금 영화관에 간다면 어쩌면 너무 늦을 것 같은데……. 졸리기도 하고.	
뭐, 그 가방이 무척 맘에 들긴 했지만, 그렇다고 지금 꼭 필요한 건 아닌 것 같아.	
버스를 너무 오래 기다렸어. 비도 오고 말이야. 마치 모든 상황이 내가 늦기를 바라는 것처럼 돌아갔지 뭐야. 정말 어쩔 수 없었어.	
내 생각에 파트리크가 앙겔라를 피해다니는 게 그렇게 좋은 해결책은 아닌 것 같은데. 만나서 사과하는게 맘 편할 것 같기도 하고. 나만 그런가?	

몸짓 언어
조절하기

**자신감 있는
몸짓 언어를 연습하자**

몸짓, 표정, 자세가 은연중에 진짜 생각과 감정을 나타낸다는 사실은 모두 알고 있다. 전혀 마음에 들지 않는, 피곤한 성격을 가진 지인을 우연히 만났다고 상상해보자. "다시 만나서 반갑네!"라고 말하면서 팔짱을 끼고 짝발을 딛는다면 진짜 마음은 자세에서 드러난다. 그런데 거꾸로 몸짓이 생각과 감정에 영향을 끼친다는 사실을 아는가? 이 사실이 새삼 놀랍다면, 1장 '자신감의 네 가지 구성요소'를 다시 읽어보기 바란다.

당신이 낙담하고 슬픔에 빠져서 자신감을 잃었을 때, 누군가가 "당당히게 고개를 들어."라고 당신을 격려해준 책임이 있을 것이다. 반대로 당신이 깊이 생각하지 않고 다른 사람에게 이렇게 말한 경험도 있다. "앞만 보고 가."

흥미롭게도 "고개를 들어!"는 실제로 아주 좋은 충고다. 다음 행동을 실제로 시도해보자. 머리를 숙이고 발을 질질 끌며 몇 걸음 걸어본다. 그다음에는 입가에 가볍게 미소를 띠고 등을 곧게 펴고 고개를 꼿꼿이 들고 몇 걸음 걸어본다. 그리고 이 두 행동을 비교해본다. 차이가 느껴지는가? 몸의 자세가 변하면 감정, 생각과 행동에 영향을 준다!

루카스는 36살의 직장인으로, 직장 동료들한테 왕따당하고 무시당하는 문제로 치료를 받으러 왔다. 그는 이 문제로 스트레스를 받아 종종 복통을 느끼고 설사를 했다. 다른 사람 눈에 스스로가 얼마나 자신 없어 보일까 생각하며 괴로워했다.

그런데 루카스는 어린 시절부터 이런 감정을 느꼈다. 학교에 다닐 때 루카스는 다른 아이들에게 놀림감이었다. 그는 키가 굉장히 컸고 비쩍 말랐는데, 아이들은 그런 그를 '꺽다리' 아니면 '알프스 루카스'라고 빈정거리며 놀렸다.

루카스가 처음 치료실로 들어섰을 때 치료사는 즉시 그의 자세에 주목했다. 그는 치료실 의자에 구부정한 자세로 비스듬히 앉았다. 어깨는 산뜩 움츠렸고 허리는 굽은 자세였다. 이런 모습에서 치료사는 언제 어디서 공격당할까 겁내는 동물을 떠올렸다.

매일 조금씩, 자신감 수업

치료사는 루카스에게 의식적으로 몸을 똑바로 세우고, 어깨는 뒤로 펴서 내리고, 시선을 올리는 연습을 하게 했다. 처음에 그는 굉장히 불편해했다. 이런 자세를 한 자신이 사람들 눈에 우습게 보일 것 같았고, 그들이 수군거릴 것 같은 생각에 스스로 너무나 위축되는 느낌이었다. 루카스는 너무 오랫동안 스스로를 '작게' 보이도록 만드는 데 익숙해져 있었던 것이다.

그러나 시간이 지나자 천천히 몸의 긴장이 풀리는 걸 느끼기 시작했다. 루카스와 치료사는 의식적으로 몸을 똑바로 세우는 것에 집중했다. 나아가 루카스는 요가 수업에도 참여했으며 그 덕분에 몸이 점점 똑바로 서는 걸 느낄 수 있었다.

곧 루카스는 치료 시간 외에도 항상 의식적으로 몸을 바르게 세우려고 노력했고, 그것이 자신의 감정과 다른 사람과의 만남에 긍정적으로 작용하는 경험을 했다. 자신의 의견을 조금 더 강하게 말할 수 있게 됐고, 생각도 조금 더 긍정적으로 변해갔다. 치료가 끝나갈 무렵, 루카스는 의식적으로 바른 자세를 하는 것이 그를 위한 중요한 변화였음을 치료사에게 고백했다.

대부분의 사람들은 무의식적으로 특정한 자세를 취한다. 그런데 문제는 무의식적인 자세가 의식에 결정적인 영향을 끼친다는 것이다. 자신이 없다고 느끼면 자신감 없는 태도를 취하게 되고, 역으로 자신감 없는 자세는 더 자신 없고 불안하게 만든다. 그렇게 많은 사람들이 자신감 없는 마음과 자신감 없는 태도의 악순환으로 빠진다.

그러나 루카스처럼 자신 있는 자세를 연습하면, 이런 악순환을 선순환으로 만들 수 있다. 그러기 위해서는 틈나는 대로 자주 자세에 주의를 기울이고 계속 자세를 고쳐야 한다. 한 걸음 더 나아가 요가, 태극권, 기공, 줌바와 같은 근력 운동을 즐겁게 하며 스스로를 격려하면 자세 교정에 큰 도움이 된다.

자신감 있는
몸짓 언어의 특징

주변 사람들 중에서 특히 자신감 있는 사람을 자세히 관찰해보자. 그들은 어떻게 행동하는가? 서 있거나 앉아 있을 때 손발을 어떻게 하고 있는가? 조금만 관찰해도 자신감이 있는 사람과 없는 사람 간의 확실하고 분명한 차이를 발견할 수 있다.

어떤 사람은 최소한의 움직임만으로도 자신에 대한 자신감과 기대감을 발산한다. 달라이 라마 같은 인물은 침착하면서도 단호한 태도로 사람들을 사로잡는다. 다른 예로는 앙겔라 메르켈Angela Merkel을 들 수 있는데, 그녀는 '메르켈의 마름모(Merkel-Raute: 배 앞에서 두 손을 아래로 겸손히 모으고 두 손이 손가락 끝을 맞대 마름모 모양을 만드는 메르켈의 손동작—옮긴이)'를 통해 내면의 균형감각,

단호함, 실행 능력을 보여준다.

다른 한편으로 어떤 사람은 매우 역동적이고 활발한 몸짓으로 자신의 의견을 강조하고 확고함을 전달한다. 대표적인 예가 게르하르트 슈뢰더 Gerhard Schröder 다. 그는 강연대의 좌우를 단단히 움켜잡고 연설을 함으로써 자신감과 단호함을 보여준다. 이처럼 자신감 있는 사람들 간에도 몸짓 언어에 차이가 있지만, 자신감 있는 사람들이 대체적으로 보여주는 몸짓 언어에는 몇 가지 공통적으로 주목할 만한 점이 있다.

목소리　　자신감 있는 사람은 말을 확실하게 전달한다. 크고 명확하게 말하는 경우가 대부분이지만, 목소리 크기가 작고 나지막해도 주목할 만한 힘을 지니고 있다. 즉, 목소리 크기보다는 내면의 자세가 훨씬 많은 부분을 결정한다. "내가 지금 하는 말은 매우 중요하고, 너희는 그 말을 들어야만 해." 하는 자세를 내면화하면, 목소리에 확신이 생기고 상대에게 신뢰감을 주게 된다. 이렇게 말함으로써 의견을 확실하게 강조할 수 있다.

시선　　자신감 있는 사람은 상대방의 시선을 피하지 않고 바닥을 내려다보지도 않는다. 그들은 상대방의 눈을 똑바로 쳐다봄으로써 상대방에 대한 관심과 자신감, 여유를 드러낸다. 이때 시선뿐만 아니라 몸 전체가 상대방을 향한다. 그와 반대로 자신감 없는 사람은 상대의 시선을 피하고, 종종 몸을 반만 상대방에게 향하거나 발, 몸 전체 혹은 고개를 틀어 외면한다. 이런 몸짓은 매순간 상황에서 도망치려 한다는 인상을 주고, 당연히 여유가 없어 보인다.

표정　　자신감 있는 사람이 웃을 때는 누군가와 관계를 맺고 싶을 때, 즐거울 때, 상대의 공감을 얻어내려고 할 때다. 정당한 불만을 말하거나 자신의 이익을 주장하는 경우에는 절대 웃지 않는다. 그런데 자신감 없는 사람들은 종종 자신이 원하는 바를 부드럽게 표현하거나 다른 사람을 지배하려는 의도가 없다는 걸 굳이 표현하려고 억지웃음을 짓는다.

턱　　턱을 치켜들면 다른 사람들과 시선을 마주치는 것이 더 쉽다. 또한 스스로를 숨기지 않고, 필요한 경우 자신의 이익을 관철시키기 위해 대립이나 갈등도 마다하지 않을 준비가 돼 있다는 것을 보여준다.

어깨와 팔　　자신감 있는 사람은 어깨와 팔에 긴장을 푼다. 이런 자세를 통해서 자신이 다른 사람이나 새로운 경험에 마음이 열려 있으며, 그것들을 두려워하지 않는다는 신호를 전달할 수 있다. 침착하고 여유 있는 마음을 암시하기도 한다. 반면 팔짱을 끼고 있거나 어깨를 추켜올리고 있으면, 마치 다가올 공격에 대비해 자신을 보호해야만 하는 것처럼 보인다.

등 똑바로 서거나 앉아서 등을 펴고 자신의 키를 그대로 보여주는 건 자신감 있는 사람의 전형적인 모습으로, 다른 사람들의 시선을 두려워하지 않는다는 뜻이다. 이와는 반대로 루카스처럼 자신감 없는 사람은 등을 둥글게 구부려 '공격'에서 자신을 보호하려 한다.

발 발을 바닥에 단단히 디디고 똑바로 서 있는 모습은 든든한 자신감에 대한 확실한 증거다. 안정된 바닥은 더 자신 있게 반응하고 자신의 욕구를 강조하기 위한 토대가 된다. 그래서 하이힐을 신은 여자들이 종종 불안하고 보호가 필요한 것처럼 보이는 것이다.

발걸음 한 공간에 들어가는 모습은 그 사람이 그 공간을 어떻게 느끼는지를 말해준다. 자신감 있는 사람의 발걸음은 확고하고 기운차며, 결단력이 느껴진다. 이를 통해 자신이 어느 방향으로 가고 싶은지 잘 알고 있으며, 이 공간이 자신에게 속한다는 사실을 알릴 수 있다. 참고로 속도는 큰 관계가 없다.

몸짓을 바꾸는 연습

이제 몸짓을 바꾸는 연습을 직접 해 보는 일만 남았다. 그런데 몸짓을 바꾸기 전에 더욱 조심해야 하는데, 평소에 행동을 의식적으로 하지 않기 때문이다. 즉, 무의식적으로 행동하기 때문이다. 그래서 자신의 행동이 어떤지 그대로 파악하게 돕는 관찰 연습을 먼저 하려 한다. 꼭 무언가를 바꾸려는 걸 목표로 하지 않는다. 여기서는 앉은 자세를 예로 들어보겠다.

하루 5분, 자신감 연습 18

관찰 연습: 내 자세 발견하기

평소에 앉는 자세로 의자에 앉는다. 그리고 마치 거대한 스캐너로 스캔을 하듯이 발끝부터 정수리까지 훑어본다. 즉시 자세를 바꾸고 싶은 마음이 들 수도 있지만 일단은 진정하자! 무의식적인 평상시의 자세를 의식적으로 파악하고, 이 자세가 감정에 어떤 영향을 주는지 느껴본다.

우선 하체부터 시작하자. 발이 바닥에 닿아 있는지 떨어져 있는지, 다리의 근육은 긴장돼 있는지 편안한지, 엉덩이가 의자에 깊숙이 들어가 있는지 아니면 아슬아슬하게 걸쳐져 있는지 느껴본다.

이제 상체로 주의를 옮긴다. 등이 등받이에 닿아 있는지, 닿아 있다면 얼마나 넓게 닿아 있는지, 어깨는 얼마나 솟아 있는지, 팔은 편안한지 긴장돼 있는지, 목은 바로 서 있는지 혹은 기울어져 있는지 잘 살펴본다.

이제 몸 전체를 다시 한 번 살펴보자. 내 자세에 대해 어떤 느낌이 드는가? 자신이 힘 있고 자신감에 차 있다고 느껴지는가, 아니면 자신감이 없어 보여 마음에 들지 않는가?

이제 자신의 자세와, 앞에서 읽은 '자신감 있는 몸짓 언어'에서 묘사된 자신감 넘치는 태도와 비교해보자. 중요하다고 생각되는 것을 전부 적어야 한다.

1. 내 자세에 대한 전체적인 느낌은?

....

....

2. 내 자세에서 자신감 없어 보이는 요소는?

....

....

자신감 연습을 통해 자신에게 익숙한 자세를 파악했는가? 몇 군데는 마음에 들었을 수 있고, 한두 군데는 빨리 바꾸고 싶다는 생각이 들 것이다!

이제 내 자세를 '자신감 있는 몸짓 언어의 특징'에서 배운 자신감 넘치는 자세로 바꿔보자.

자신감 넘치는 앉은 자세

- 두 발은 바닥에 단단히 딛는다
- 편안하게 무릎을 세운다
- 의자의 등받이 부분까지 엉덩이를 깊이 넣어 앉는다
- 등은 등받이에 딱 붙이고 곧게 세운다
- 팔은 긴장하지 않고 편안하게 무릎 위에 얹는다
- 어깨는 힘을 빼서 아래로 늘어뜨린다
- 턱은 가볍게 든다
- 시선은 지평선 위를 향한다

이런 새롭고 익숙하지 않은 자세를 자신이 어떻게 느끼고 있는지 그 느낌을 한번 따라가자. 처음에는 불편하고 부자연스러울 수 있다. 그러나 다른 한편으로는 강건함과 힘이 느껴질 것이다. 강한 힘과 자신감이 몸 안으로 퍼져가는 것을 상상해보자. 어떻게 느껴지는가? 감정이 달라지는지 여부를 느끼기 위해, 익숙하지 않은 이 자세를 몇 분간 유지한다.

이제 당신의 느낌과 감정을 표현할 만한 은유나 상징을 찾아보자. 나무 한 그루, 바위 한 덩이, 바다 속 조개와 같은 자연물이 적합하다고 생각할 수도 있고, 유명인사나 동화 속 인물이 떠오를 수도 있다. 이러한 상징은 나중에 또다시 당신이 느낀 느낌을 쉽게 떠올리게 한다.

앉아 있을 때마다 가능하면 이 자세를 자주 반복하자. 버스 안에서, 사무실에서, 식사를 할 때도 새로 익힌 자세로 앉자.

이런 방법은 당연히 서 있는 자세나 걷는 자세에 똑같이 적용해 연습할 수 있다. 또한 어느 곳에서나 새로운 자세를 연습할 수 있다는 점을 기억하라! 이렇게 자신감 넘치는 자세로 다른 사람들을 대하면, 그들이 다르게 반응한다는 걸 알 수 있다.

실전 연습!
자신 있게 행동하기

상상은 현실이 된다

지금까지 언어와 몸짓을 자신감 있게 조절하는 법을 배웠다. 이제 실제로 자신감 있는 태도로 상황을 이끌어갈 수 있는 연습을 제안하려고 한다.

자신감 있는 태도란 무엇일까? 자신이 생각하고 느끼고 원하는 것을 다른 사람들에게 확실하게 전달하는 것을 말한다. 앞에서 배운 자신감 있는 언어와 태도에 대해 복습하고 확인하고, 직접 해보기까지 했다면 이미 준비는 거의 된 셈이다.

우선 다음에 제시하는 상상 연습에 돌입한다. 이는 미래의 어떤 상황을 구체적으로 상상하는 연습이다.

매일 조금씩, 자신감 수업

상상 연습: 자신감 있는 태도

편안한 시간대를 골라 무엇에도 방해받지 않는 장소에 자리를 잡는 다. 마음을 편안히 하고 두 눈을 감는다. 두세 번 깊이 호흡한다.

자신 있게 행동해야 하는 상황을 상상한다. 예를 들어 수업이나 세미나에 같이 참여하는 사람과의 만남, 까다로운 동료와의 대화 등.

이제 자신감 있는 태도에 대해서 배운 것을 모두 생생하게 마음 속으로 그려낸다. 바닥을 굳건히 딛고 있는 발, 곧게 세운 등, 가볍게 든 턱을 느껴본다. 그리고 상대방의 눈을 똑바로 쳐다본다. 내가 무엇을 말하려 하고 무엇을 전달하고 싶은지, 확실하게 행동하기 위해 잠시 시간을 갖고 생각한다. 그리고 작정했던 것처럼 그렇게 자신 있게 행동한다!

이것이 너무 힘든가? 그렇다면 상황 속의 사람을 편안하고도 즐거운 사람이라고 상상한다. 동료, 친구, 치료사 등등. 내 자신감 있는 행동에 대해 상대방이 어떻게 반응할까? 상대방의 반응에 당황하지 말자.

불안해지고 자신감 없어진다고 느껴지면, 이런 감정이 상대방에게 덜 전달되도록 상상 속에서 상대방의 크기를 작게 만든다. 그리고 자신이 말하고 싶은 것에 집중한다. 자연스러운 출구를 찾을 때까지 장면을 흘려보낸다. 그리고 두세 번 깊이 호흡을 하고 눈을 뜬다.

이 연습을 할 때 자신감을 느꼈는가? 가장 좋은 건 꾸준히 반복해서 연습하는 것이다. 상황에 약간씩 변화를 주며 연습할 수도 있다.

실제로, 자신감 있게 행동하기

상상 속에서 이미 연습을 했다면, 현실에서 실천하는 것이 그렇게 멀고 힘들게 느껴지지만은 않는다. 그럼 이제 상상을 현실로 만들 차례다.

처음부터 너무 지나친 걸 자신에게 요구하지 않아야 한다. 가장 어려웠던 상황은 선택하지 말자. 자신에게 힘들었지만, 그래도 스스로를 신뢰할 수 있었던 상황에서 출발하자. 특히 높은 삶의 질을 얻어낼 수 있는 상황들이 적합하다. 예를 들어 새로운 인간관계를 맺거나 누군가에게 무엇을 부탁해야 하는 상황 등이 적당하다. 자신에게 동기부여가 될 것이다! 무난한 연습을 하고 싶을 수도 있는데, 그렇다면 사람과의 관계가 아닌 상황을 찾아보자. 혼자서 새로운 취미활동을 시작하거나 여행을 떠나는 것이 그 예다.

자신감을 가져야 하는 상황의 목록을 만들어보는 것도 좋다. 각상황에 알맞게 1에서 10까지(1=매우 쉬움, 10=매우 어려움) 난이도를 정한다. 그다음에 연습을 시작하기에 적합한 상황, 즉 난도 3에서 5 사이의 상황을 찾아내 해보는 것이다.

자신감 있는 태도를 위한 연습의 예

- 상점에 들어가서 어떤 제품에 관해 문의한다. 그리고 물건을 사지 않고 상점을 나온다.
- 사람이 많은 시끌벅적한 분위기의 장소로 가서 사람들을 관찰한다. 그곳에서 호감이 가는 사람이 있으면, 눈을 마주치고 그 사람을 향해 웃는다.
- 슈퍼마켓에 가서 쇼핑 카트를 끌고 한 바퀴 돌아본다. 그리고 아무것도 사지 않고 슈퍼마켓을 나간다.
- 강연이나 낭독회에 가서 질문을 한다.
- 혼자서 카페나 식당에 가서 무언가를 주문한다. 휴대 전화나 책을 손에 들지 않고 긴장을 풀고 앉아서 다른 사람들을 관찰한다.
- 혼자 영화관에 가서 표를 사거나 입장하려고 줄을 섰을 때, 뒤에 서 있는 모르는 사람과 간단한 대화를 나눈다.

조금이라도 행동을 바꾸는 데 성공했다면 스스로를 칭찬하고 상을 주는 걸 잊지 말아야 한다! 모든 것이 즉시 완벽하게 바뀌지 않더라도 스스로를 심하게 나무라거나 비난하는 것은 금물이다. 자신이 원하는 이상을 머릿속으로 상상하며 현실에 불만을 품기 전에, 자신의 출발점을 다시 한 번 떠올린다.

자신 있게 행동하기 위한 구체적 시뮬레이션

다음은 특정한 상황을 자신감 있는 태도를 가지고 주도적으로 이끌어 나가고자 할 때 고려해야 할 모든 구체적인 질문들이다. 하나하나 적어 넣으면 실제로 행동할 때 큰 도움이 될 것이다.

더 자신 있게 행동하고 싶은 상황은?

예) 약간은 서먹한 친구 앞에서······.

성취하고 싶은 것은?

예) 그 친구와 관계 맺기. / 솔직한 감정 보이기.

어떻게 다르게 행동하겠는가?

예) 그 친구에게 편안하게 다가간다. / 자신 있게 말을 건넨다.

자신 있게 행동할 수 있는 이유를 적어도 한 가지 적는다.

예) 그 친구가 나를 싫어할 이유가 없다. / 나는 내 감정에 솔직하고 싶다.

자신감 있게 행동했다면, 자신에게 어떤 상을 주고 싶은가?

예) 집에 가서 맛있는 음식을 시켜 먹는다.

Chapter 6

자신 있게 비판에 대처하는 법

비판을 유용하고 건설적으로 다루면 자신감의 든든한 기초를 갖게 된다. 자신감이 있다는 건, 다른 사람의 의견에 어느 정도 거리를 둘 줄 알며, 비판을 진심으로 받아들여야 할 때와 그렇지 않을 때를 구별할 수 있다는 것을 의미한다. 자신감 있는 사람은 다른 사람을 정당하게 비판할 수도 있고, 청찬을 진심으로 받아들일 줄도 안다. 다행히도 이런 태도는 배우고 익힐 수 있다!

내 속에 있는
'내면의 비평가'

나는 나를
평가절하한다

자신의 인격에 비판적인, 혹은 낮게 평가하는 목소리를 내면의 비평가라고 부른다. 이런 비판의 초석은 대부분의 경우 이미 어린 시절에 형성된다. 어린 시절에 비판을 많이 받았거나 평가절하당한 경우가 대부분이며, 주변의 중요한 인물이 스스로를 평가절하하는 모습을 관찰하고 그를 모델로 삼기도 한다. 다음의 경우에서 내면의 비평가가 어떻게 건강한 자신감을 갖는 걸 방해하는지 살펴보자.

세바스티안은 6주 전에 상담회사에 인턴 사원으로 취직했다. 많은 경쟁자를 물리치고 차지한 자리라 스스로가 무척 자랑스러웠다. 모든 일을 제대로 한번 해보고 싶었다. 세바스티안에게 요구되는 업무는 까다로웠고, 항상 완벽하게 해내야 했다.

그는 열심히 노력했고, 취직한 첫 주에 이미 회사에서 매우 긍정적인 반응을 얻어냈다. 멘토 역시 개인 면담 시간에 세바스티안이 업무에 익숙해지는 과정을 긍정적으로 평가했다. 그런데 멘토는 세바스티안이 스스로 결정할 수도 있는 걸 너무 여러 번 질문한다고 스치듯이 이야기했다. 세바스티안은 면담을 침착하게 끝냈다. 그리고 화장실로 갔다. 거기서 생각을 곱씹고 또 곱씹었다.

내가 왜 그렇게 어리석게 행동했을까? 다른 사람들이 나를 얼마나 의존적이라고 생각할까? 이제 이 회사에서는 정직원이 못 되지 않을까?

다음 날부터 세바스티안은 어떤 질문을 해야 할지 확신이 들지 않았다. 무언가가 자신을 속박한다고 느꼈다. 아주 급한 일이 아니면 더 이상 질문을 하지 않았다.

내면의 비평가가 하는 게 바로 이런 일이다. 사소한 비판을 심각하게 받아들여 그것에 매달려 고민하게 만들고, 긍정적으로 평가해준 모든 의견들은 금세 잊어버리고 파국적인 결과로 만들어버린다.

많은 사람들의 내면에는 매우 혹독한 비평가가 자리 잡고 있다.

종종 자신감을 흔드는 건 다른 사람이 아니라, 자신을 신랄하게 비판하는 마음속의 자신이다. 많은 사람들이 이 머릿속의 혐오스런 목소리가 자신이 하는 모든 행동을 비판하고 평가절하하고 비웃는다고 고백한다. 자신의 내면에 혹독한 비평가가 자리 잡으면 삶은 형벌을 받는 것처럼 힘들어진다.

내면의 비평가는 일방적이고 극단적인 표현들로 당신을 압박한다. "넌 항상 더 잘해야만 해." "너는 네 임무를 반드시 완수해야 해." "넌 항상 괜찮은 사람이어야 해." "넌 절대로 해낼 수 없을 거야." 등이 대표적인 예다. 이런 말들은 '항상' '결코' '전혀' 등의 단어를 포함하고 있다.

이러한 내면의 비평가를 알아보는 건 쉽지 않다. 왜냐하면 유능하고 자신 있게 행동하기 위해서, 그리고 자신 있게 행동하는 그 순간에도 스스로에게 규율을 부여하는 것이 중요하기 때문이다! 다시 말해 적절한 자기 비판은 자신에게 도움이 될 만한 원동력이다.

어떤 메시지를 두고 내면의 비평가가 던진 것인지 혹은 내 행동의 원동력인지 구분하는 간단한 방법이 있다. 그 메시지가 도움이 될지 해가 될지 생각해보는 것이다. 메시지를 내면으로 느껴보자. 그러면 이 메시지가 어떤 감정을 불러일으키는지 알아챌 수 있다. 세바스티안의 경우 "너는 정말 어리석게 행동했어."라는 메시지가 불안, 긴장, 거절에 내한 두려움과 같은 부정직인 감정을 불러일으켰고, 그 감정들이 세바스티안을 방해해서 그의 자신감을 억누르고 행동을 방해했다. 내면의 비평가는 이런 종류의 메시지를 쉽게 전달한다.

내면의 비평가를 원동력으로 만들기

내면의 비평가가 보내는 메시지를 조금만 다듬으면, 업무를 탁월하게 진행할 수 있다고 느끼게 만들고, 자신감 있게 행동할 수 있게 돕는 원동력이 된다. 예를 들어 "난 절대로 실수하면 안 돼."라는 말을 "이 일을 가능한 한 훌륭히 마치고 싶어."라고 고쳐 생각하는 것이다. 이런 대안적 메시지들은 도움이 되고 긍정적인 느낌을 갖게 하며, 자신감의 원동력으로 작용한다.

그렇다면 어떻게 내면의 비평가가 보내는 메시지를 원동력으로 만들 수 있을까?

우선 내면의 비평가가 전하는 메시지를 적어보자. 내게 방해가 되고 전혀 이롭지 않은, 부정적이고 자신을 평가절하하는 목소리. 자신감 없었던 과거의 어느 상황을 떠올려보는 것도 도움이 된다. "완벽하게 해야 돼." "하나라도 실수하면, 다 망치는 거야." "내가 한 일을 누군가 비난하면 그건 나에 대한 비난이나 마찬가지야." 등을 예로 들 수 있다.

1.

2.

3.

4.

5.

이제 다음의 자신감 연습에 따라 이 메시지들을 더 자신감 있게 느끼게 해주는 대안적인 메시지로 바꾼다. 내면의 비평가를 원동력으로 바꾸도록 도울 뿐 아니라, 비평가가 그런 메시지를 던질 때의 내 마음과 감정을 정확히 볼 수 있도록 지원할 것이다.

비평을 원동력으로 만들기

앞에 적은 내면의 비평가가 전하는 메시지 중 하나를 골라본다.

예) 나는 정말 지루하다는 인상을 주고, 사람들은 나한테 아무 관심이 없어!

그 메시지는 내게 어떤 감정을 불러오는가?

예) 슬프고 창피하다. 스스로 따분한 사람이라고 느껴진다.

그 메시지를 듣고 내 자신감은 어떻게 됐는가?

예) 1-2   (0=매우 자신 없다, 10=매우 자신 있다)

- -

이 메시지를 원동력이 되는 메시지로 고쳐보자.

예) 나는 조용한 편이야. 나를 잘 아는 사람들은 그런 내 모습을 좋아해.

- -

원동력이 되는 메시지는 내게 어떤 감정을 불러오는가?

예) 긴장이 풀린다.

- -

그 메시지를 듣고 내 자신감은 어떻게 됐는가?

예) 5-6   (0=매우 자신 없다, 10=매우 자신 있다)

- -

도움이 되는 대안적인 생각을 단지 '발견하는' 것만으로는 내면의 비평가를 지배할 수 없다. 내면의 비평가는 끊임없이 스스로를 의심하고 파괴적인 판단을 하도록 부추기기 때문에 그와 맞서 싸우기 위해서는 끈질긴 지구력이 필요하다.

사실 비평가가 내린 판단이 맞는지 틀렸는지 여부는 사소한 문제다! 중요한 것은 지금 이 순간 비평가의 판단이 내게 용기를 주는 방향으로 나를 안내하는지 여부다. 내면의 비평가가 전하는 메시지 때문에 방해받고 불안하다면, 그에게서 벗어날 때가 온 것이다.

세바스티안의 경우를 생각해보자. 그의 비평가는 "너는 어리석게 행동했어." "다른 사람들이 너를 의존적인 사람이라고 생각할 거야."라는 메시지를 전달했다. 그 메시지에서 세바스티안이 자신을 더 신뢰하며 독립적으로 일할 수 있는 힘을 받았다면 좋았겠지만, 이 메시지는 그에게 불안과 수치심만을 불러일으켰다. 이 감정이 그의 마음에 계속 남아 그가 일하는 걸 훨씬 힘들게 했다. 그래서 세바스티안은 이제 내면의 비평가를 자신의 의지로 움직이려 한다.

어느 날 저녁, 세바스티안은 내면의 비평가가 들려주는 말에서 스스로에게 도움이 되는 대안적인 메시지를 찾아내기로 작정했다. "내가 왜 그렇게 어리석게 행동했을까?"라는 말 대신에 "지금까지 수도 없이 많은 질문을 던진 건 내 업무를 잘하기 위해서였어."라고 생각을 바꿨다.

그러자 기분이 훨씬 나아졌다. 그는 자신이 좋은 동기에서 행동했고, 자신을 독촉하는 그 비판은 업무를 진행하기 위해 의식적으로 자신에게 던진 말이라는 것을 깨달았다. 그래서 여기에 더해 "난 내 업무를 성실히 훌륭하게 해냈어. 그러니 끊임없이 안정감을 느끼려고 애쓰지 않아도 돼."라고 생각하자 그는 자부심이 느껴졌고, 무엇보다도 자신감과 신뢰감이 생겼다.

세바스티안은 이런 새롭고 도움이 되는 생각을 휴대 전화에 메모해두고, 마음속에서 비난의 목소리가 들려올 때마다 휴대 전화를 쳐다봤다. 들여다볼수록 이 새로운 생각들은 그의 마음에 들었고, 이제는 연습을 통해 이런 생각에 익숙해질 일만 남았다고 느꼈다!

당연히 내면의 비평가가 던지는 비판과 비난들을 무시하기는 쉽지 않다. 더구나 오랜 세월 동안 그 비평가가 내면 깊은 곳에 있었다면 말이다. 중요한 건 내면의 비평가가 비판의 목소리를 낼 때 그것을 의식적으로 알아채는 것이다. 그러면 그 비평가에 맞서 자신에게 도움이 될 만한 의견을 내놓을 수 있다.

내면의 비평가는 너무 가까이 다가가면 화상을 입히는 불길과도 같다. 불 위에 장작을 더 이상 놓지 않으면 그 불길은 서서히 꺼진다.

타인의 비판을
건강하게 받아들이기

비판에서
배워야 한다

　　　　　　내면의 비평가가 조용해지면 비로소 비판에서 제대로 배우기 위한 길로 접어들게 된다. 정말로 자신감 있는 사람은 비판에 결코 둔감하지 않다. 오히려 자신감 없고 내면이 불안한 사람이 겉으로는 자신감 있어 보이고, 비판에 신경 쓰지 않는 것처럼 보인다. 그런 유형의 사람들에게 자신감은, 비판받을 때마다 무너져내리는 겉치레 같은 것이다. 그들은 매번 위협당한다고 느낀다.

이와는 반대로 진정으로 자신감이 있는 사람은 자신에게 쏟아지는 비판이 정당하고 도움이 되기 때문에 받아들여야 하는지, 아니면 부당하기 때문에 거부하거나 무시해도 되는지를 정확히 구별할 줄 안다.

사람은 누구나 비판을 받을 때 반사적으로 저항한다. 이건 지극히 자연스럽고 인간적인 모습이다! 여기서 짚고 넘어가야 하는 건, 부정적인 감정의 물결이 가라앉고 머리가 다시 맑아졌을 때 자신을 향한 비판을 대하는 태도다. 다시 말해 비판이 부분적으로라도 정당한지, 거기에서 무엇을 배울 수 있는지 스스로에게 물을 수 있어야 한다는 것이다.

비판과
적당한 거리 두기

도움이 되는 비판과 그렇지 못한 비판을 구별하려면 그 비판과 어느 정도 거리를 두는 것이 중요하다. 그래야 전체적인 모습을 파악하거나 다시 이해할 수 있고, 처음에 느꼈던 감정의 물결에 휩쓸리지 않으며, 비판을 무조건 받아들이지도 않고, 자기방어적인 태도로 비판을 전부 거부하려고 하지도 않는다. 비판에 빠져서 벗어나지 못하면 전체적인 모습을 파악할 수 없다! 그래서 비판과 거리를 두는 방법을 소개하려 한다.

이 연습에는 필기구와 종이가 필요하다. 종이에 다른 사람들이 당신에 대해 비판한 내용을 조목조목 하나씩 적는다. 될 수 있으면 비판을 한 사람이 사용한 표현 그대로 쓴다. 그다음 종이를 들고 눈앞에 가까이 가져간다. 당신에 대한 비판을 그렇게 가까이 보니 어떤 느낌이 드는가? 어떤 감정이 생기나? 이제 그 종이를 심장에 아주 가까이 댄다. 어떻게 느껴지는가? 종이를 그렇게 가까이 대고 있으면 비판에 대한 감정 역시 변한다.

그다음, 종이를 바닥에 놓고 의식적으로 한두 걸음 뒤로 물러서자. 어떻게 느껴지는가? 그 비판에 대해서 어떤 생각이 드는가? 비판과 더 거리를 두는 데 성공했다고 느끼나? 그다음, 종이를 두고 방을 떠나 문을 닫아라. 비판은 이제 다른 공간에 있다. 어떻게 느끼는가? 종이에 적힌 비판에 대해 어떤 생각이 드는가? 그 비판이 덜 위협적으로 느껴지고, 자신에게 도움이 되는 비판이 어떤 것인지 더 차분하게 생각하게 될 것이다.

처음에는 이런 연습이 낯설고 어딘지 기이하게 여겨질 것이다. 그렇게 느꼈더라도 일단 해보자. 어떤 특정한 생각과 공간적으로 거리를 두면 정신적으로도 거리를 둘 수 있다.

이런 연습이 소용없고 어리석다고 생각하는가? 아무 변화가 없다면 이번에는 극단까지 밀고 가보자. 비판이 적힌 종이를 냉동실에 넣는다. 웃음이 나오는가? 그렇다면 이 연습은 매우 성공적이다! 놀랍지만 유머도 거리를 두기 위한 적절한 방법 중 하나다.

비판과 거리를 두는 질문에 답해보기

비판과 감정적으로 거리를 두도록 도울 만한 질문들을 소개한다. 당신이 비판에 대해 곰곰이 생각한 것이 처음이라도, 당신이 받은 비판 중 하나를 선택해 다음에 대한 답을 적어보자.

제3자라면 이 비판에 대해서 어떻게 말할까? 여러 사람의 의견과 관점들을 상상해보자.

5개월이 지난 후에는 이 비판에 대해서 어떤 생각이 들까?

다른 사람이 당신 입장이라면 어떻게 느낄까? 외부의 관점으로 거리를 두고, 새로운 관점을 받아들이도록 시도해보자.

도움이 되는 비판과
해가 되는 비판 구분하기

어느 정도 거리 두기에 성공했으면, 이제 실질적으로 비판의 내용에 몰두할 시간이다. 건설적인 비판은 업무를 더 효율적으로 실행하게 하거나, 다른 사람들과의 관계에서 호의적으로 행동하도록 돕는 조언을 담고 있다. 이런 비판은 당신에게 행동을 바꿀 기회를 제공한다. 그러나 단지 기분만 나빠지거나, 사고나 행동에 변화를 가져올 수 없는 비판은 거부해야 한다. 도움이 될 만하다고 판단해서 본격적으로 고민하고 싶은 비판과, 받아들이지 않고 거부해야 하는 비판을 구분하는 데 도움이 되는 기준을 소개한다.

도움이 되는 비판	해가 되는 비판
구체적이다. "너는 너무 자주 나를 방해해."	상대를 **일반화**한다. "너는 너무 예민해."
유용하다. "변화가 필요해."	**상처**를 입힌다. "너는 절대로 변할 수 없어."
할 수 있는 것을 말한다. "뚜렷한 목적을 갖고 상담해야 하지 않을까?"	**할 수 없는 것**을 말한다. "너는 충분히 마음이 열리지 않았어."
행동과 **상황**을 말한다. "우리는 이 문제를 더 능숙하게 다룰 수 있다고 생각해."	**인격**을 비난한다 "넌 절대로 못해."

도움이 되는 비판	해가 되는 비판
균형 잡혀 있다. "그때 넌 나한테 너무 무례했어."	**과장**돼 있다. "넌 항상 그렇게 무례하잖아."
상대가 **영향력을 행사할 수 있는 것**을 말한다. "고객을 다른 방식으로 다루면 더 잘 될 거야."	상대의 **영향력을 빼앗는 것**을 말한다. "고객들이 더 이상 불쾌하게 느끼면 안 돼."

정당하고 상대방에 도움이 되는 비판이라도("좀 더 열린 마음을 가진다면 좋을 거야.") 대부분의 경우 최선이 아닌 형태로 표현된다 ("네가 그렇게 아무 말도 없이 거기 앉아 있으니 정말 거슬려!"). 그래서 어떤 이들은 몇 차례에 걸쳐 건설적인 비판을 받아도 반응하지 않으려 한다. 이런 비판의 핵심을 밝혀낸 후 도움이 될 만한 밑거름으로 바꾸는 건 전적으로 자신의 몫이다.

주변 사람들의 지원을 받을 수도 있는데, 예를 들면 가족이나 친한 친구의 도움이 그것이다. 자신이 들었던 비판에 대해 그들은 어떻게 생각하는지 솔직한 의견을 구해보자. 만약 여러 사람이 당신을 같은 내용으로 비판했다면 그건 흘려버려서는 안 되는 중요한 단서다. 그 비판은 당신에게 가치 있으며, 그에 따라 변화를 고민해야 한다!

자신의 그림자를
뛰어넘기

이제 비판을 다루는 마지막 단계를 말할 차례인데, 이것은 중요하지만 쉽지 않다. 지금까지 모든 사전 작업은 일단락됐다. 내면에 자리 잡은 비평가의 몫을 충분히 검토했고, 비판에 대해 감정적으로 거리를 뒀으며 당신에게 쏟아진 비판을 도움이 될 만한 건설적인 메시지라고 판단했다. 논리적으로 그다음 진행될 단계는 바로 변화다. 자신에게 쏟아진 비판에서 결정적인 결과를 이끌어내는 것이다.

율리아와 슈테피는 오래전부터 서로에게 가장 친한 친구였다. 그런데 율리아에게는 슈테피를 거슬리게 하는 무언가가 있다. 율리아는 한 번도 슈테피에게 "안 돼."라고 말한 적이 없다. 슈테피는 율리아가 책임감을 덜 느끼게 하려고 여러 번 노력했다. 그러나 항상 헛수고였다.

슈테피는 아들의 생일 파티에 율리아를 초대했고 율리아는 흔쾌히 가겠다고 했다. 그런데 사실 율리아는 생일 파티에 가지 못할 처지였다. 유치원에서 하는 연극을 맡겠다고 약속을 해놨기 때문이다.

생일 파티를 일마 남기지 않고 율리아가 슈테피에게 이 사실을 고백했을 때 슈테피는 격분했다. "넌 늘 '안 돼'라고 말하지 못해.

왜냐하면 넌 정말 줏대도 없고, 항상 모든 사람의 사랑을 받지 못할까 봐 전전긍긍하거든. 상황을 훨씬 편하게 만들 수 있는데도 말이야. 네가 계속 그런 식이면 곧 너는 진정한 친구들을 잃게 될 거야!" 이 말은 율리아의 상황을 정확하고 솔직하게 표현한 것이었다. 율리아는 난생처음 말도 못할 정도로 상처를 받았다. 그녀는 슈테피가 자신을 부당하게 판단했다고 느꼈다. 슈테피의 비판을 그냥 무시하고 마음을 편하게 가져야 할까?

저녁에 율리아는 남편에게 이 일에 대해 얘기하며 은근히 위로받기를 원했다. 그런데 놀랍게도 남편은 슈테피의 편을 들었다. "친구에 대한 마음이 진심이었다면 덜컥 약속했다가 취소하는 대신 처음부터 '안 된다'라고 말했을 거야. 그러면 갈등이 생기지도 않았을 거고."

친구 슈테피가 직설적으로 강하게 표현한 것에 반발심이 있었지만, 친구의 비판이 그렇게 부당한 건 아닐지도 모른다는 생각이 조금씩 들기 시작했다. 어쩌면 스스로 무언가를 바꿔야 할 시기가 온 건지도 모른다. 그녀는 모든 것을 꼼꼼히 되짚어봤다.

율리아는 남편과 슈테피에게 받은 비판에 근거가 있다고 생각했다. 그렇다면 율리아는 이 비판을 어떻게 정리했을까?

1. 내 행동에 대한 비판 중 근거가 있다고 생각하는 것은?

- 나는 거절 의사를 확실하게 밝히지 못하고, 다른 사람한테 항상 좋은 사람이 되려고 너무 많이 노력한다.

2. 지금까지 내가 그렇게 행동한 이유는?

- 스스로에 대한 신뢰가 없었다.
- 깊이 생각하기 귀찮았기 때문이다.
- 다른 사람들의 비호의적인 반응이 두려웠다.

3. 이런 행동을 바꿔야 하는 이유는?

- 나한테 정말 중요한 사람들을 위해 시간을 낼 수 없기 때문이다.
- 원하지 않은 일을 계속 하기 싫기 때문이다.
- 아무리 다른 사람에게 잘 보이려고 노력해도, 그들이 꼭 나를 좋아할 것이란 보장이 없기 때문이다.

4. 이제 내가 해야만 하는 행동은?

- 누가 무언가를 요청해도 즉시 수락하지 않는다.
- 똑바로 분명하게, 내게 일이 너무 많다고 말한다.
- 그 일이 반드시 내가 해야 하는 것인지 확인한다.

5. 이렇게 행동하면 내게 어떤 이득이 있을까?

- 가장 친한 친구인 슈테피를 잃지 않는다.

- 일이 줄어든다.

6. 내 행동을 바꾸는 데 성공하면 스스로에게 주고 싶은 상은?

- 아이들 없이 슈테피와 오후 내내 쇼핑하고 커피를 마신다.

하루 5분, 자신감 연습 23

나에 대한 비판 정리해보기

율리아가 했던 것처럼, 당신에 대한 비판도 정리해보자. 자신에 대한 비판을 논리적으로 정리하고, 내가 구체적으로 어떻게 변해야 하는지를 생각해야 비판에서 결정적인 변화를 이끌어낼 수 있다!

1. 내 행동에 대한 비판 중 근거가 있다고 생각하는 것을 적어본다.

2. 지금까지 내가 그렇게 행동한 이유를 적어본다. 현재 내 마음과 감정을 잘 들여다보고 답을 적는다.

3. 이런 행동을 바꿔야 하는 이유를 적어본다. 비판의 핵심을 밝히는 중요한 작업이다.

----

4. 이제 내가 해야만 하는 행동을 적어본다.

----

5. 이렇게 행동하면 내게 어떤 이득이 있을지 적어본다.

----

6. 내 행동을 바꾸는 데 성공하면 스스로에게 주고 싶은 상을 적어본다.

자신이 비호의적으로 행동하거나 다른 사람을 방해했다는 걸 시인하는 것이야말로 자신감 있고 용기 있는 태도다. 다시 말해, 자신감은 자신의 토대를 잃지 않고 자신의 행동에 의문을 품을 수 있음을 의미한다.

지혜롭고 현명하게
타인 비판하기

**비판이
어려운 이유**

　　　　　　　　자신감이 없는 사람은 다른 사람을
비판하는 것에도 어려움을 겪는다. 여기에는 여러 가지 이유가 숨
어 있다. 우선 다른 사람을 비판하는 것이 정당하지 않다고 생각
하기 때문이다. 자신이 되려 비판을 받을까 걱정하기 때문이기도
하다. 이런 사람들은 상대방의 부정적인 반응을 지나치게 두려워
한다. 자신감이 없는 사람들은 가능하면 토론이나 갈등에서 벗어
나려 하는데, 토론이나 갈등이 크게 확대되는 걸 몹시 꺼리기 때
문이다. 이런 내면에는 자신이 생각하는 걸 적절하게 표현할 수
없을지도 모른다는 두려움이 숨겨져 있다.

그렇지만 더 자신 있는 태도로 당신이 좋지 않다고 느끼거나 상대방이 다르게 행동해야 한다고 생각하는 걸 그에게 말해야만 한다! 이것은 사생활뿐 아니라 직장생활에서도 마찬가지다. 이는 무엇보다 자신을 위해서 중요한데, 당신의 주변 사람들이 당신을 방해하는 행동이나 말을 한다는 걸 깨달아야 하기 때문이다. 아주 가까운 사람이 오래전부터 당신을 힘들게 하는데, 그가 계속 그렇게 행동하길 바라는가?

현명하게
비판하는 법

처음으로 다른 사람을 심각하게 비판하는 것이라면 어떻게 비판해야 하는지 모를 수 있다. 건설적인 비판을 가능하게 하는 몇 가지 방법을 제시한다.

긍정적인 점부터 말하기　괜찮다고 생각되는 사람이나 행동에 대해 무언가 긍정적인 것부터 말하면서 우선 대화를 시작한다. 그러면 다른 사람에게 비판을 가하거나 개선할 만한 제안을 하는 것이 훨씬 쉬워진다. 이런 긍정적인 시작은 상대가 당신의 비판을 '열린 자세'로 받아들이게 한다.

'나'의 의도를 전달하기　비판을 할 때는 '너는'이 아니라 '나는'으로 시작하는 것이 가장 좋다. 자신이 생각하는 것을 설명하라. 내 느낌이나 상황을 전달하며 비판하면 상대방이 받아들이기가 훨씬 쉽다. 예를 들면 "자네는 한 번도 제대로 문서 작성을 한적이 없어."라고 말하는 대신에 "나는 자네가 그 일에 대해 문서로 작성했으면 좋겠어. 그렇지 않으면 그 일에 관련된 사람들이 진행 상황을 잘못 이해할 수도 있어."라고 말한다.

상대의 행동이 내게 미치는 영향을 설명하기   당신이 비판하려는 행동이 당신에게 어떤 영향을 주는지를 설명하라. 예를 들면, "크게 말하지 마."라고 말하는 대신에 "그렇게 크게 말하면 난 위협을 받는다고 느껴."라고 표현한다.

구체적으로 말하기   그 사람한테 무엇을 원하는지를 매우 구체적으로 말해야 한다. 만약 상대가 집을 어질러놓는 점을 비판하고자 한다면, 당신이 정말 원하는 것은 상대가 정리정돈을 하는 것이다. 그렇다면 "집에 돌아오면 외투와 신발을 제자리에 정돈했으면 좋겠다."라고 표현해야지, "넌 항상 집을 엉망진창으로 어질러 놓고 전부 내가 치우게 만들지."라고 말하는 건 아무 소용 없다.

대답할 시간을 주기   혼자서 '속사포처럼' 계속 말하지 말고 상대방이 대답할 수 있는 시간을 준다. 비난의 '벽'에 부딪치는 것보다 숨 쉴 틈이 있어야 비판을 받아들이기도 훨씬 쉽다. 중요한 건, 상대에게 할 말이 있다면 그의 의견에도 귀를 기울여야 한다는 점이다!

긍정적인 결론 찾기　구체적인 협상, 칭찬 혹은 격려 등으로 대화를 긍정적으로 마무리하도록 노력하라. ("드디어 의견일치를 볼 수 있다니 정말 기뻐요." 등). 그러면 상대방이 비판을 받아들이고, 나중에도 당신과 긍정적인 관계를 맺는 것이 쉬워진다.

철저하게 준비해야 한다. 해야 할 말, 잊지 않아야 할 태도 등을 모조리 침착하게 메모하라! 말하고 싶은 걸 정확히 하나하나 쓰고, 상상 속에서 상황을 연습해야 한다. 자신감 있는 사람들이라면 내 상황에서 어떤 식으로 말할지 상상하며 그들을 모델로 삼으면 더욱 좋다.

비판할 준비를 하다 보면 피곤해서 그냥 잠자리에 들고 싶을 것이고, 차라리 다음 날 들여다보는 게 낫다는 생각이 들지도 모른다. 하지만 철저한 준비가 정확하고 유효한 비판을 만든다.

그런데 이렇게 열심히 준비했어도, 실제로 했을 때 잘되지 않을 수 있다. 이론과 실전은 다르기 때문이다! 정작 하고 싶은 말을 다 못했을 수도 있고, 감정이 앞서서 상대를 비난하거나, 심할 경우 싸움으로 번질 수도 있다. 그런 실패한 비판에 대한 복기를 해보

면 다음 비판의 밑거름으로 삼을 수 있다. 다음은 내 비판을 돌아
보는 데 좋은 질문들이다.

- 내 비판은 사실에 근거했는가?
- 내가 원하는 바를 정확히 전달했는가?
- 혹시 상대를 일반화하거나 몰아세우지는 않았는가?
- 상대는 내 비판에 어떤 반응을 보였는가?
- 상대의 행동에 변화가 있었는가?

칭찬을 자연스럽게
받아들이려면

**칭찬받기를
어려워하는 사람들**

자신감 없는 사람은 칭찬을 받아들이는 것도 어려워한다. 자신감 없는 사람들이 다른 사람들의 칭찬과 인정을 받아들이면 자신의 가치를 강화하는 데 큰 도움이 되는데도 말이다. 이제 자신감 없는 사람들이 칭찬을 받아들이기가 왜 그렇게 어려운지, 어떻게 하면 그들이 이런 태도를 바꿀 수 있는지에 대해 알아보려 한다. 우선 솔직한 칭찬을 받아들이는 것이 왜 어려운지 사례를 통해 알아보자.

수잔은 부활절에 가족을 위해서 멋진 브런치를 준비했다. 며칠 전부터 그녀는 하루 종일 부엌에 서서 요리를 하고, 식탁에 놓을 네임 카드를 만들고, 가족 한 사람 한 사람을 위해 작은 선물을 마련했다. 모든 사람들이 감탄했다. 그런데 여동생이 수잔에게 너무 멋진 브런치라고 칭찬하자, 수잔은 즉시 자신이 한 일을 깎아내렸다. 과자가 너무 탔다, 토비아스가 견과류를 먹지 못한다는 걸 깜박했다, 손님들이 오기 전에 청소를 해야 한다는 걸 생각도 못했다 등등.

식탁에 앉은 가족들 중 누구도 수잔의 반응에 놀라지 않았는데, 그들은 수잔이 칭찬을 받아들이지 못한다는 걸 이미 잘 알고 있었기 때문이다. 수잔은 항상 반론을 찾거나, 모든 긍정적인 의견을 즉시 상대적인 것으로 만들어버린다. 가족 대부분은 이제 수잔을 칭찬하는 걸 포기했고, 한두 사람은 정말로 불쾌해했다.

수잔이 자신에 대한 존중과 인정을 있는 그대로 받아들이지 못하는 게 정말 안타깝지 않은가? 자신감이 없는 사람 중 많은 이들이 수잔처럼 반응한다. 물론 자신감이 없는 사람도 칭찬을 받으면 낭연히 기뻐하며, 자신에 대해 자부심을 가지기도 한다. 그러나 그들은 자기비판적인 반응을 통해 칭찬을 희석시키고, 자신에 대해 비판을 가함으로써 결국 평형을 맞춘다.

자신에 대한 인정을 받아들이지 못할 때 사람마다 매우 다양한 방식으로 이것을 표현한다. 앞에서 예로 든 수잔은 항상 반론을 찾는다. 다른 사람들이 칭찬했던 행동의 방향을 슬며시 다른 쪽으로 돌리며 자신의 약점에 대해 말한다. 그리고 단지 상대가 자신의 마음에 들고 싶어서 자신을 칭찬하는 거라고 넘겨짚어서 생각하는 경우가 의외로 많다. 극단적인 경우, 다른 사람의 칭찬을 액면 그대로 받아들이지 못하고 그 대신 왜 그런 칭찬을 했을까 의문을 가진다. (그냥 나를 기쁘게 하려고 그런 말을 한 걸까? 아니면 나를 이용하려고 이런 칭찬을 하나?)

수잔의 예시를 읽으면서 그 브런치에 참석한 가족들이 불편했을 것이라는 사실을 눈치챘을 것이다. 이처럼 칭찬을 받아들이지 못하면 관계마저 망칠 수 있다.

누군가 당신을 칭찬하는 걸 받아들이고 즐기는 것이 힘든가? 그렇다면 그 이유는 무엇일까? 여러 가지 근본적인 이유가 있다.

내면의 비평가　　　내면의 비평가가 너무 큰 목소리를 내고 있는지도 모른다. 그는 스스로의 실수에 집중하고, 날카로운 잣대를 들이대고 있다. 그래서 다른 사람들의 칭찬을 믿을 수 없게 되고, 다양한 반론으로 칭찬을 무마시킨다.

과도한 기대　　　스스로에게 지나친 기대를 하는 것을 말한다. 모든 것이 100퍼센트 완벽해야만 만족하는 경우다. 그래서 칭찬을 받아도 그것만으로는 만족할 수 없다. 자신이 기대하는 바에

미치지 못했기 때문이다.

어긋난 기본 신념　　대부분의 경우 거만하거나 자만하다는 인상을 주지 않으려는 마음이 숨겨져 있다. "잘난 척하는 건 딱 질색이야." 혹은 "자화자찬은 조롱거리가 되기 쉽지."와 같은 기본 신념이 숨겨져 있다. 이런 생각은 다른 사람들의 칭찬을 자신의 것으로 받아들이는 걸 방해한다.

수치심과 불안　　주변 인물들이 자신을 주목하는 것이 편안하지 않은 사람들이 의외로 많다. 그들은 사람들의 시선이 자신에게 향하는 순간 수치심과 불안을 느낀다. 자신이 노출되는 것이 두려워서 자신에게 쏟아지는 칭찬을 무마시키고 다른 사람의 주목을 다른 곳으로 돌리려고 애쓴다.

책임에 대한 거부감　　칭찬을 받으면 책임이 생길까 두려워서 칭찬을 거부하거나 무마시키려는 사람들도 있다. 예를 들어 일단 다른 사람들의 시선을 끌면, 앞으로는 무슨 일이 있어도 실수를 하면 안 된다는 중압감을 느낀다. 혹은 학교 축제를 성공적으로 이끌었고 모든 사람들이 매우 만족했기 때문에 내년에도 자신이 도맡아서 축제를 진행해야 하지 않을까 부담스러워하는 경우다. 그래서 차라리 칭찬을 받지 않았으면 좋겠다고 생각한다.

비참한 추락에 대한 공포　　그리스 비극에는 가장 높은 곳에 올라간 사람은 결국에는 가장 낮은 곳으로 추락한다는 원칙이 있다. 이전에 올라갔던 높이는 비극적인 추락의 높이와 같다. 많은 사람들이 그와 비슷하게 느낀다. 무언가를 잘했다는 칭찬을 받아들이거나 인정하면 혼란스러움과 두려움을 느끼는데, 여기에는 추락과 실패에 대한 두려움이 깔려 있다.

이 중 직접 느껴본 감정이 있는가? 자신이 칭찬을 받아들이는 걸 왜 그렇게 어려워하는지 정확하게 이해했다면 더할 나위 없이 축하할 일이다. 그러면 이제 자신이 어떤 생각을 하면 안 되는지, 칭찬을 받아들이는 것에 익숙해지기 위해 무엇을 깊이 생각해야 하는지도 알게 된다.

자연스럽게
칭찬 받아들이기

　　　　　　　　　　앞에서 설명한 태도와 믿음들이 왜 부적절한지, 그리고 어떻게 고쳐야 하는지 알아보자.

내면의 비평가 몰아내기　　내면의 비평가는 현실감을 갖고 있지 못하다. 그는 형편없는 부분과, 스스로 괜찮다고 인정하지 못하는 부분만을 본다. 이런 내면의 비평가와 대면하여 싸우기 위해서는 긍정적인 면에 더 집중하고 자신의 가치를 제대로 평가하고 수긍하는 것이 매우 중요하다.

과도한 기대 내려놓기　모든 것을 항상 완벽하게 해낸다는 건 비현실적이다. 그 누구도 그럴 수가 없다! 주변을 한번 둘러보자. 사생활과 직장생활, 모든 것을 완벽하게 해내는 데 성공한 사람이 있는가? 분명히 말하건대 없다! 누군가가 사생활이 완벽하다면, 유감스럽게도 직장에서는 완전히 반대일 수 있다. 부족과 완벽, 그 중간 지점에서 타협점을 찾아내는 것이 성공한 삶이다. 당신이 여러 부분에서 그 나름의 역할을 해내고 싶을 때는 특히 그렇다.

기본 신념 바꾸기　겸손한 태도는 확실히 좋은 성품이다. 그리고 보통 자신을 과대평가하는 사람들은 다른 사람들에게 호의적인 인상을 주지 못한다. 그러나 겸손이라는 자질은 일정한 한계를 갖고 있다. 누군가 자신에 대한 긍정적인 의견을 계속 거부하면, 그를 아는 사람들은 그를 칭찬하지 않게 된다. 긍정적인 관계를 유지하려면 칭찬을 해준 사람에게 감사를 표하고, 스스로도 그런 평가를 받아들일 수 있어야 한다.

수치심과 불안 버리기　　수치심이나 불안이 강하게 느껴지면, 유년기나 청소년기에 '관심의 한가운데에서' 경험한 것에 몰두해보자. 그러면 도움이 된다. 지금까지도 잊히지 않을 정도로 창피한 적이 있었나? 3장 '불안의 근원 뿌리 뽑기'를 다시 한 번 읽고, 불안을 없애보자!

책임감 내려놓기　　두려움이 느껴지면, 누가 자신을 칭찬하는지를 주의 깊게 살펴보자. 물론 다른 사람을 이용하고 일을 맡기기 위해 칭찬을 하는 사람들도 있다. ("학교 축제를 그렇게 잘 준비했으니, 학부모 연설도 잘할 거야.") 이런 사람들과는 어떤 경우에도 확실하게 선을 그을 수 있어야 한다. 그리고 그저 칭찬을 거부하는 것보다는 명확한 표현을 하는 것이 도움이 된다. ("고마워요! 그런데 학부모 연설이라니, 저한테는 과분해요. 생각 좀 해볼게요.") 그러나 다행히 대부분의 사람들은 상대방을 이용하려고 칭찬하지는 않는다. 누군가에게 모든 것을 기대하며 칭찬하는 건 공정하지 못하다는 것을 안다. 그리고 '어려운 일을 해낸 사람을 칭찬한다'는 사회적 합의를 사람들은 잘 이해하고 있다. 칭찬은 인정하려는 표현이지, 누군가가 모든 일을 손쉽게 처리하기를 바라서가 아니다.

인정과 성공 진심으로 받아들이기　　추락에 대한 두려움은 일종의 미신이다. 당신은 미신을 믿는가? 미신을 중요하게 생각하는가? 미신을 비이성적인 것으로 취급하는가? 이성적인 관점에서 보면 성공에 대한 두려움은 근거 없고 불합리하다. 반면 인정과 성공을 진심으로 받아들일수록, 삶에서 불가피하게 만나게 되는 실패에 대비할 수 있는 완충장치를 더 많이 얻을 수 있다.

긍정 일기장
만들기

자신에 대한 긍정적인 상을 갖고, 자신감을 높이기 위해서는 일상에서 긍정적인 의견과 칭찬을 인지하고 스스로를 위해 활용해야 한다. 자신에 대한 태도를 고치는 것만으로 자신감을 갖기는 거의 불가능하다. 사람은 사회적 존재이기 때문에 다른 사람들의 인정과 위로를 필요로 한다. 스스로를 괜찮은 사람이라고 받아들이기 위해서는 다른 사람들의 호평이 필요한 것이다. 다행히 대부분의 경우 주변에서 그런 위로나 격려를 받을 수 있다! 자신감이 없는 사람은 긍정적인 의견을 간과하거나 위에서 말한 것처럼 그 의견 자체를 부정해버리는 경향이 있다. 그들은 비판적인 의견이나 실패에 훨씬 집중한다. 그러니 자신이 들어야 하고 필요로 하는 위로를 발견하기 위해서는 긍정적인 안경을 써야 한다.

우선 작은 노트를 준비한다. 특별히 이 연습에만 쓸 자그마한 노트가 필요하다. 이런 준비는 자신의 가치를 인정하기 위한 첫길

음이다. 긍정적인 내용을 담은 노트는 단순한 종잇조각이 아니라 소중한 작은 보물이다!

노트를 준비했다면, 우선 지금까지 남들이 당신에게 들려준 모든 긍정적인 의견들을 적어본다. 지금까지 들은 칭찬 중 당신에게 의미 있는 칭찬이 무엇이었는지 곰곰이 생각해보고, 당신이 겪었던 경험들 중 가장 중요한 것을 적는다.

그리고 매일 저녁, 그 날 겪은 모든 긍정적인 일들과 모든 긍정적인 의견들을 적어보자. 어떤 일도 사소하거나 하찮지 않다. "X가 나를 보고 웃었다." 혹은 "보고서를 제출했는데 상사가 수정을 지시하지 않고 그대로 승인해줬다." 혹은 "Y가 나를 향해 돌아서더니 자기 고민을 털어놓으며 조언을 청했다."와 같은 경험들이 긍정 일기장의 한 부분을 차지하게 된다.

어쩌면 반대로 부정적인 경험들을 할 수도 있다. 예를 들면 X가 웃지 않았다거나 상사가 엄청나게 많은 수정을 요구했을 수 있다. 하지만 그 속에서도 점차 칭찬과 위로의 말을 찾아내는 귀중한 경험을 하게 될 것이다.

그리고 특히 중요한 건, 긍정 일기를 계속 쓰면 다른 사람들에게서 긍정적인 의견을 들을 수 있는 상황을 식별해내는 능력이 강화된다는 것이다. 그래서 그 능력들은 다시 긍정적인 안경이 된다!

긍정적인 내용으로 일기를 쓰는 것이 처음에는 어렵더라도 멈추면 안 된다. 긍정 일기장은 칭찬을 자신에게 도움이 되도록 이용하고 긍정적인 자화상을 만들어나가는 법을 익히는 치유의 한 방법이다. 여기서 긍정 일기장을 쓰는 데 가장 중요한 원칙을 체크하자. "이 경험을 써야 하나, 말아야 하나?" 고민이 된다면, 언제나 그 대답은 '써야 한다'이다!

칭찬에 적절하게
반응하기

자신이 칭찬을 언제나 희석시키는 경향이 있다면, 일상에서 칭찬을 더 나은 방향으로 받아들이는 건 당연히 쉽지 않다는 사실을 각오해야 한다. 이제 칭찬에 대해서 적절하고 더 자신 있게 반응하는 방법에 대해 다뤄보겠다.

대화를 하는 도중 침묵의 시간을 견뎌내는 것이 자신감을 의미한다는 걸 기억할 것이다. 누군가 당신을 칭찬했을 때 당신이 그저 "고마워요."라고 웃으며 말한 후에 더 이상 대화가 이어지지 않는다고 상상해보자. 그 상황에서 어떤 기분이 들까? 어쩌면 긴장되고 불편해서 즉시 "네, 그렇지만……."이라고 대답하고 싶은 충동을 느낄지도 모른다. 이 충동을 이겨내기 위해 다음의 연습을 하면, 칭찬을 들었을 때 자신에게 '이득이 되도록' 칭찬을 활용하기가 훨씬 쉬워진다! 그리고 상상 속에서라면 남들의 칭찬에 자신 있게 대응하는 건 그리 어렵지 않다.

상상 연습: 칭찬 받아들이기

편안히 앉아 긴장을 풀고 길게 호흡을 하면서 숨을 들이쉬고 내쉬는 것에 집중한다. 그리고 두 눈을 감고, 어떤 형태로든 칭찬을 받았거나 긍정적인 의견을 받았던 가장 최근의 상황으로 돌아가보자. 이제 당신이 원하는 방식으로 자신 있게 대응하는 걸 상상해보자. 웃으며 "고마워요."라고 말하는 상황을 머릿속에 그려보자. 그리고는 더 이상 아무것도 생각하지 말자. 그 상황이 편안한가?

만약 긴장이 된다면 당신이 편안하게 느낄 수 있는 사람, 예를 들면 친한 친구가 있다고 상상하자. 다른 사람들은 그 사람을 볼 수 없고 오로지 당신만 그 사람을 볼 수 있다. 그 사람이 당신에게 다가와서 어깨에 손을 얹고 "네가 해냈어! 넌 충분히 이런 칭찬을 들을 만해."라고 말한다. 어깨에 놓인 그 손이 당신으로 하여금 칭찬을 기쁜 마음으로, 있는 그대로 받아들이도록 격려하는 장면을 상상해보자. 칭찬을 받아들일 자세를 갖췄다면, 연습을 마치고 두 눈을 뜬다.

당신이 편안하고 친근하게 느끼는 그 인물은 호의적인 안내자나. 다른 사람들에게 긍정적인 의견을 들었던 구체적인 상황에서, 그는 칭찬을 받아들이는 힘을 당신에게 준다. 칭찬을 한 상대방도 당신이 기뻐하기를 바란다는 것에 감사하라. 칭찬을 받아들이고 기뻐하는 건 거만한 태도가 아니라 건강한 자신감의 표시다. 칭찬을 거부하거나 희석시키는 반응이야말로 자신감이 없다는 뚜렷한 증거다. 칭찬을 깎아내리지 말고 그저 기뻐하며 받아들이는 마음이 중요하다는 건 아무리 강조해도 지나치지 않다.

다른 사람들의 칭찬을 자연스럽게 받아들이는 연습을 더 하고 싶다면 스스로를 칭찬하는 것도 꼭 연습할 필요가 있다! 거울 앞에 서서 속으로 자신에게 진심 어린 칭찬의 말을 건네자. 무엇을 잘해냈는가, 무엇을 잘할 수 있는가? 남들 눈에 어떻게 비춰지기를 바라는가? 이 행동이 그저 사소하게 생각될 수도 있다. 하지만 스스로에게 칭찬을 허용하면, 시간이 지날수록 좋은 감정이 느껴진다는 걸 알게 된다.

Chapter 7

자신감 있는 사람의 대인관계법

자신감 있는 사람은 자신의 필요에 따라 적합하게 대인관계를 맺을 수 있다. 이것은 적극적으로 관계를 맺고, 관계를 더 단단히 다지는 걸 의미한다. 다른 한편으로는 남에게 해를 끼치는 사람과의 관계를 끊는 것이기도 하다. 물론 누구와 관계를 유지하고 끊을지를 매 순간 똑 부러지게 결정할 수 있는 사람은 없다. 그럼에도 불구하고 항상 적극적으로 행동해야 한다.

원하는 대인관계를 얻기 위해서는 많은 노력과 자기 인식, 거기에서 비롯된 자신감이 필요하다. 자신감이 있을수록 쉽게 관계를 형성할 수 있으며, 그렇게 맺은 관계가 자신이 필요로 하는 것을 만족시킬수록 더 확고한 자신감을 갖게 된다. 그렇게 돌고 돌아 양끝이 연결되는 것이다!

호감 가는 인상이
관계의 첫걸음이다

**두꺼운 갑옷을
벗어던져라**

자신감이 부족한 사람은 대체적으로 수줍음을 많이 타고, 낯선 사람과 만나는 상황을 가능한 한 피하려 한다. 그래서 다른 사람과 일정한 거리를 두려 하고, 몇 명의 친한 친구들(대부분 아주 오랜 기간 알고 지내온 친구들)하고만 만나려 한다. 거절을 당했을 때 자신을 보호하기 위한 갑옷을 스스로 의식하지 못한 채 입고 있는 것이다. 애써서 많은 사람들을 만나는데도 종종 가까이 하기 힘들고, 늘 거리를 두며 사람들을 밀어내고 쌀쌀맞다는 이야기를 듣기도 한다. 만약 당신이 그렇다면 당신의 태도와 인상을 곰곰이 살펴볼 필요가 있다.

처음으로 인간관계를 넓히려 할 때 상처를 받을 수도 있고 공격을 당한다고 느낄 수도 있다. 그러나 관계를 맺으려고 적극적으로 노력하기 시작하면, 은둔에서 벗어날 용기를 내는 걸 그 무엇도 막을 수 없다. 또한 두꺼운 갑옷을 입지 않고도 다른 사람과 적절한 경계를 긋고 스스로를 보호하는 능력을 지니게 된다.

사실 4장에서 살펴본 것처럼, 수줍음이나 내향적인 성향은 타고난 것이라 뜻대로 바꾸기가 쉽지는 않다. 그렇지만 연습을 자주 할수록 점차 자연스럽게 느껴질 것이다. 스스로 수동성을 극복하려는 자세와 자신에 대한 믿음이 가장 중요하다.

자신 있고 호감 가는
인상 만드는 법

당신은 어떤 경우에 다른 사람들에게 호감을 느끼는가? 다른 사람들이 타인을 만날 때 어떻게 행동하는지를 의도적으로 분석해보자. 호감 가는 사람들은 어떻게 행동하는가? 그들의 목소리와 몸짓은 어떠하며 무엇을 말하는가? 그들을 호감 가는 사람으로 만드는 몇 가지 특징들을 포착했다면 당신도 그렇게 행동하고 말하도록 시도하자.

사실 붙임성 있는 사람으로 보이려면 그냥 긴장을 푸는 것이 가장 좋은 방법이다! 수줍음을 타고 소심한 사람들은 혼자 말을 해야 하는 경우 어딘지 모르게 편안하지 않고 긴장한 게 티가 난다.

반면 스스로 편안하고 자신감 있게 느끼면 이 기운이 밖으로 뿜어져 나오고 상대에게 저절로 호감을 주게 된다. 그러면 자신의 한계를 받아들이는 것이 그리 어렵지 않다.

다음은 스스로 무너지지 않으면서 자신감 있게, 다른 사람에게 호감을 사고 친밀감이 느껴지도록 하는 좀 더 구체적인 방법들이다.

웃음   어떻게 해야 호감을 줄 수 있냐고 질문을 던지면, 흔히 질문을 던진 그 순간에 스스로 정답을 알아차리게 된다. 웃음이야말로 소박하고 일상적이고 본능적인 호감의 신호다.

그런데 상대방에게 웃어 보일 때, '도대체 이 사람이 나한테 원하는 게 무엇일까'라고 상대가 의문을 가질까 봐 걱정하는 사람들도 많다. 솔직히 얘기하면 대부분의 사람들은 거의 혹은 전혀 그런 생각을 하지 않고, 그저 상대가 친절한 사람이라고 생각한다.

물론 억지로 꾸며진 웃음처럼 보이거나 부자연스럽게 느껴지지 않도록 조심해야 한다. 그리고 한 가지 더 말하자면, 정말로 당신이 호감 가는 사람에게만 웃어줄 때 효력을 가진다.

눈 마주치기   상대방과 눈을 마주치는 것도 자신 있게 행동하기 위한 방법 중 하나다. 눈을 마주치는 건 상대방과 관계 맺을 준비가 됐다는 걸 은연중 암시한다. 또 서로의 호이를 몇 초 안에 파악할 수도 있다.

상대방의 눈을 똑바로 쳐다보고, 되돌아오는 눈빛이 무엇을 담고 있는지 읽는 연습을 한다. 다시 보게 되지 않을 사람들, 예를 들면 버스 안이나 기차, 슈퍼마켓, 길거리 등에서 만나는 사람들을 대상으로 연습할 수 있다.

몸짓 바꾸기　5장 '몸짓 언어 조절하기'에서 이미 열린 몸짓에 대해 배웠다. 팔짱을 끼거나 어깨를 잔뜩 올린 채 움츠리거나 구부정하게 허리를 구부리는 자세를 취하면 상대에게 그다지 대화를 하고 싶지 않다는 느낌을 준다. 폐쇄적인 몸짓을 열린 몸짓으로 바꿔보자. 시간이 흐를수록 몸짓을 받아들이고 조절하기가 쉬워진다.

친절함 나타내기　상대에게 호의를 가지고 있다는 사실과 그 이유를 표현한다. 상대방이 자신을 좋게 생각한다는 걸 알면 그도 당신에게 호의를 가지게 된다. 어떻게 보면 아주 간단한 이치다! 상대방의 어떤 점이 마음에 드는지를 당신이 구체적으로 알고 있다면, 상대방도 대화 도중에 이를 느낄 것이고 당신에게 호감을 나타낼 것이다.

자신에게 충실하기　억지로 맞장구를 치거나 그의 의견이나 생각을 넘겨짚지 말라는 뜻이다. 그런 방법이 단기적으로는 어느 정도 효과가 있고 상대방에게 호의적으로 보일 수는 있다. 그러나 그런 방법으로는 만족스런 진정한 관계가 형성되기 힘들다. 오히려 상대는 당신의 생각을 잘 알고 진심으로 신뢰할 때 호감을 갖게 된다. 그리고 서로 의견이나 입장이 다를 때 새로운 대화거리가 생길 수도 있다.

아내인 안네가 베를린에 있는 좋은 직장에 취직을 해서 마르쿠스는 아내와 함께 베를린으로 이사했다. 마르쿠스가 일자리를 포기하고 이제 막 1살이 된 아들 리아스의 육아를 맡았는데 그에게는 그것이 그리 문제가 되지 않았다. 왜냐하면 마르쿠스는 다른 사람에게 먼저 다가가는 것이 언제나 불편했고, 소극적이고 폐쇄적이어서 사회생활이 달갑지 않았기 때문이다. 그에게는 학창시절부터 알고 지낸 두 명의 친구가 있을 뿐이었고, 안네가 집안의 '외무부 장관'처럼 모든 사회적 관계와 외부 일을 처리했다.

그런데 안네가 자주 늦게까지 야근을 해서 리아스와 둘이만 있는 시간이 길어지자, 마르쿠스는 집에만 있는 것이 불만스러워졌다. 그는 용기를 내서 리아스와 놀이교실에 등록했다. 다행히도 그곳에서 마르쿠스와 마찬가지로 집에만 있는 처지의 아빠들을 몇 명만났다.

마르쿠스는 다른 아빠들에게 말을 걸고, 그들에게 자신의 관심사를 표현하고, 투덜거리는 듯한 말투를 고치려고 노력했다. 물론 쉽지는 않았다. 처음에는 항상 도망치듯이 집으로 가버리기 일쑤였다. 하지만 차차 모임 후에 다른 아빠들과 어울릴 수 있었다. 그의 노력이 어느 정도 결실을 맺었을 때, 마르쿠스는 아빠들 중에 게오르그가 자신과 비슷한 성격이라는 걸 알아차렸다. 그래서 게오르그와 다음 주 토요일에 축구경기를 볼 수 있는 맥주집에서 만나기로 약속하는 것이 어렵지 않았다. 그 맥주집은 두 사람 모두 가본 적이 없었지만 같이 가는 거라 용기를 낼 수 있었다. 아이들은 아내들에게 맡기기로 했다!

하나하나 천천히
조금씩 꾸준히

앞에서 설명한 방법들을 압박으로 느끼지 않는 것이 중요하다. 모든 것을 한꺼번에 고치려고 무리하면 오히려 위축되기만 할 테니, 제일 먼저 바꾸고 싶은 한 가지를 찾아내 시작하자.

가장 손쉽게 시도할 수 있는 것으로 추천하는 것은 웃음이다. 당신에게 호의적이지만 아주 친해질 만큼 관심을 갖지는 않는 사람들, 예를 들면 빵집 주인, 이웃사람, 학부형모임의 학부형들, 놀이터에 있는 아이들을 대상으로 한번 시험해보자.

당신이 그들을 보고 웃을 때 어떤 반응이 되돌아오는지 관찰하라. 그들의 표정, 손짓, 몸짓, 시선이 어떻게 달라지는가? 낯선 사람과 웃음을 나누는 것 같은 사소하면서도 긍정적인 접촉은 서로에게 좋은 영향을 끼칠 것이다.

다른 사람들에게 그들의 의견이나 생활에 대한 질문을 했을 때무슨 일이 벌어지는지 한번 실험해보는 것도 좋다. 대화의 구체적인 내용은 중요하지 않다. 아이들 얘기일 수도 있고 음식, 문화, 직장 혹은 스포츠에 관해서 대화를 나눌 수도 있다.

중요한 건 상대방에 대해서 진정 어린 태도를 취하는 것이다. 그는 어떤 감정을 가지고 어떤 생각을 할까 진심으로 궁금해하는 것이다. 당연히 과장해서는 안 된다. 상대방이 심문을 당한다는 느낌을 받아서는 안 되니까 말이다. 하지만 소극적이고 수줍음을 많이 타는 사람들은 상대방에게 그런 느낌을 주기 쉽지 않으니 너무 염려하지 않아도 된다.

상대방이 전달하는 신호에도 깊이 주의를 기울여야 한다. 그는 어떤 눈초리로 당신을 쳐다보는가? 당신을 향해 몸을 돌리고 있나? 다른 사람들도 그에게 질문을 하고 있나? 그렇다면 몇 마디를 건네기 위해 적당한 기회를 기다려야 한다. 이런 시도를 마치 놀이처럼 해보자.

매일 조금씩, 자신감 수업

새로운 관계는
삶을 풍성하게 만든다

용기를 내라!

어떻게 수줍음을 극복하고 실제적으로 새로운 관계를 맺거나, 예전의 관계들을 더 잘 관리할 수 있을까? 그 정답은 바로 열린 태도다. 열린 태도는 새롭게 관계를 맺는데 기본적인 전제조건이다. 타인에게 더 열린 마음으로 다가갈수록 관계를 맺는 것은 당연히 더 쉬워진다.

그런데 "나한테 친구가 아무도 없다는 걸 모든 사람들이 알게되면 정말 곤란한데……." "또다시 눈치를 보며 말을 걸어야 한다니 정말 창피해."라고 생각하며 걱정하는 사람들이 의외로 많다. 만약 당신도 이런 생각을 하고 있다면 3장과 6장을 다시 읽으며 그런 정신적인 장애물을 어떻게 극복하는지 살펴보자. 사람들과의 만남을 원하는 것은 괴로운 일도, 부끄러운 일도 아니다. 오히려 사람이라면 누구나 느끼는 지극히 정상적인 감정이자 욕구다. 만약 누군가에게 접근하는 것이 힘들다고 느껴지면 관점을 한번 바꿔보라. 누군가 당신에게 호의를 갖고 더 친하게 지내길 원한다면 당신은 어떻게 느끼겠는가? 그렇게 불쾌하지 않다는 사실을 알 수 있다. 많은 사람들이 더 많은 만남과 친구관계를 원하면서도, 사람들을 믿지 못하는 한편 그들에게 어떻게 접근해야 하는지 몰라서 주저한다는 건 정말 놀라운 일이다. 이제부터 그 방법을 배울 것이다. 관계를 맺는 것은 다른 사람의 비위를 맞추며 알랑거리는 것이 아니라, 그저 상대방을 향해 한 걸음 내딛는 것이다. 상대방이 긍정적인 태도를 보이지 않으면 뒤로 물러나면 된다.

하루 5분, 자신감 연습 25

용기를 주는 문장 읽고 쓰기

시작하기 전에 당신을 북돋아주고 당신이 계획한 대로 추진할 수 있도록 도와주는 말들을 소개한다. 종이에 필사해 잘 보이는 곳에 붙여두거나, 카드에 적어서 가지고 다니며 마음속에 되새기자.

- 너 많은 사람들과 가깝게 지내고 싶어! 이건 지극히 정상적이고 인간적인 바람이야. 그리고 그렇게 될 수 있도록 내가 할 수 있는 것들을

할 거야.

- 난 잃을 것이 없어. 오히려 많은 걸 얻게 될 거야.
- 해보지도 않고 지나가기에 인생은 너무 짧아!
- 내가 원하는 대로 내 인생을 만들어갈 거야.
- 진심 어린 열린 마음을 가진 사람이라면 날 비웃지 않을 거야.
- 고개를 들어, 난 해냈어!
- 넘어지면 일어나고, 부지런히 움직이며 계속 앞으로 가자!
- 난 소중하고 관심을 받을 만한 사람이야. 그리고 많은 사람들이 나와 만나는 것을 좋아하게 될 거야.

누구와, 무엇을, 어떻게?

당신이 더 가깝게 지내고 싶다는 생각이 드는 사람을 주변에서 찾아보자. 그저 서로 알고 지내는 정도의 관계이건, 친한 친구관계이건, 교제를 원하는 관계이건 중요하지 않다. 다만 관심이 가는 사람과의 관계를 강화하는 것이 중요할 뿐이다. 예전에는 친하게 지냈는데 지금은 관계가 소원해진 사람이 떠오르나? 혹은 더 긴밀한 관계를 갖고 싶었는데 그만 흐지부지 관계가 끝나버린 사람도 있지 않을까? 혹은 직장 동료, 요가수업을 같이 듣는 사람, 놀이터에서 자주 우연히 마주치는 사람 등도 있을 것이다.

주변 사람들 중 긴밀한 관계를 맺고 싶은 사람이 떠오르지 않는다면 완전히 새로운 환경에서 사람을 찾아야 할 때가 온 것이다. 보통은 취미 활동을 함께 하는 모임이나 문화센터 같은 곳에서 가장 손쉽게 사람을 사귈 수 있다. '상대방이 필요 없는' 운동인 달리기나 수영에서도 충분히 발견할 수 있다. 지금 살고 있는 지역에도 달리기 클럽이나 도보 여행 모임 등이 있어서 등록하기가 까다롭지 않을 것이다. 교회, 정치단체, 구청 혹은 시청 등의 행사에서도 사람을 사귈 좋은 기회를 가질 수 있다. 사람이 많은 모임이나 행사에 가는 것이 처음에는 낯설고 힘들겠지만 한두 번 해보면 차차 익숙해진다.

그러나 앞에서 말한 것들은 몇 가지 조언에 불과하고, 당연히 어떤 모임에 가입할지 고민하고 인터넷을 뒤지고 홍보책자를 읽으며 적극적으로 노력하는 것은 오롯이 당신의 몫이다. 노력을 하지 않는데 아이디어가 저절로 떠오르지는 않는다!

다음 단계로는 그와의 만남을 위한 전략을 고민하자. 당신에게 찾아온 기회를 어떻게 이용할 것인가? 오랫동안 만나지 못했던 사람인가? 그렇다면 전화로 약속을 잡아보자. 만약 당신이 정기적으로 만나는 사람이라면, 다음에 만날 때는 어떻게 대화를 시작할지 한번 생각해보자. 가장 쉬운 방법은 함께 공유할 수 있는 주제로 시작하는 것이다. 물론 처음 대화를 시작할 때는 다소 어색할 수도 있다. 잘 알지 못하는 누군가에게 커피를 마실 것인지, 영

매일 조금씩, 자신감 수업

화관이나 극장에 가고 싶은지를 묻는다고 상상만 해도 비현실적으로 느껴질 것이다! 사실 이런 제안들은 서로 공감을 할 수 있는지의 여부를 파악한 후, 특히 여러 번 만났을 경우에 가능하기도 하다.

만약 당신이 무엇을 바라고 있는지 정확히 모른다면 2장 42쪽 '자신감을 높이기 위한 구체적인 목표 세우기'가 목적을 구체화할 수 있도록 도와줄 것이다. 또한 일이 다른 방향으로 흐를 가능성에 대해서도 열린 자세를 갖고 있어야 한다. 누군가 다른 사람이 끼어드는 바람에 당신이 상황을 컨트롤하지 못할 수도 있다.

긍정적인 대화를 이끄는 법

이제 긍정적인 대화를 이끌어내는 팁을 살펴보자. 몇 가지를 동시에 연습하면 가장 좋고, 그것이 힘들면 우선 한 가지 방법만 집중적으로 연습해본다.

적극적으로 상대방에게 귀 기울이기   대부분의 사람들은 자신에 대해 말하기를 좋아하고, 특히 상대가 자신에 대해 진정으로 관심을 가지고 있다고 느낄 때 더욱 자기 이야기를 하는 경향이 있다. 그러므로 상대방이 하는 말에 적극적으로 귀를 기울이면 상대방에게 그를 이해하고 있다는 의사를 전달할 수 있다. 상대방에게 당신이 그의 상황에 충분히 공감하고 있음을 표현하자. 또한 그 경험들을 요약해 당신의 말로 되돌려주는 것도 좋다. 예를 들어서 누군가가 최근에 많이 아팠다고 말하면, 당신은 "정말 힘들었겠네." 혹은 "직장에 다니면서 얼마나 스트레스를 받았는지 충분히 상상하고도 남아." 등의 대답을 해줄 수 있다.

자신에 관해서 말하기 소극적이고 수줍음을 타는 사람들은 대화의 책임을 상대방에게 맡기려는 경향이 있다. 물론 억지로 대화에서 주도권을 잡으려고 애쓸 필요는 없다. 그럼에도 불구하고 자신에 대해서도 말함으로써 당신도 대화에 참여하고 있다는 걸 확실하게 인식시킬 필요는 있다. 이때 흥미로운 것을 말해야 한다는 압박감에 시달리거나 뭘 이야기해야 할지 너무 깊이 고민하지 말자. 당신에게 중요한 주제, 의견 혹은 개인적인 감정에 대해 말을 꺼내는 것으로도 의미가 있다. 또한 상대방도 당신에게 공감할 수 있다.

공통점을 발견하고 차이점은 인정하기 상대가 "나도 꼭 그랬었어."라고 말할 때처럼 상대와 친밀감을 느끼는 경우도 드물다. "슬픔은 나누면 반이 되고, 기쁨은 나누면 배가 된다."라는 격언은 대인관계에도 똑같이 적용된다. 기본적으로 우리는 다른 사람들과 감정을 나눌 때 그 감정을 밀도 있게 느끼게 된다. 그렇다고 억지로 공통점을 만들 필요는 없으며, 차이점은 있는 그대로 인정하면 된다.

실수나 약한 모습을 감추지 않기   당신이 자신 없다거나 두려워한다거나 불편하다는 걸 상대방이 알아챘다는 사실을 너무 신경 쓰지 않아도 된다. 자신감이 부족하면 이를 다른 사람이 눈치챘을지도 모른다고 생각하기 쉽다. 하지만 당신에게 자신감이 부족하다는 걸 상대방이 눈치챘다면, 오히려 당신을 인간적이라 생각하고 나아가 공감을 느낄 가능성도 있다. 왜냐하면 대부분 스스로 자신감이 부족하다고 느끼며, 다른 사람들도 그렇다는 것을 알게 되면 마음이 좀 가벼워지기 때문이다. 거꾸로 생각해보자. 당신은 당신과 대화를 나누는 사람이 자신감 없어 보인다는 이유만으로 그를 못마땅하게 생각했던 적이 있나?

긍정적인 감정을 표현하기   이런 조언은 너무도 식상하게 들리겠지만, 그럼에도 불구하고 대화를 매끄럽게 풀어가고 편안한 관계를 맺는 데 중요한 키워드다. 다른 사람에게서 마음에 드는 점을 발견하거나 그와 대화를 나누는 것이 유쾌하다면, 그것을 말로 표현하는 연습을 하자. 사실 무의식적으로 우리는 마음에 드는 점보다는 못마땅한 점을 훨씬 더 자주 표현하고 있다. 하지만 "오늘 입은 블라우스 예쁜데!"라든가 "어제 컨퍼런스에서 당신 프레

젠테이션 정말 잘 들었어. 정말 전문 지식이 돋보이던걸!" 하고 말하는 건 그리 어려운 일이 아니다. 게다가 상대방은 그런 칭찬을 들으면 하루 종일 유쾌하게 보낼 것이다.

새로운 관계 찾기

이제, 당신이 직접 새로운 관계를 찾아볼 시간이다. 새로운 관계는 내 삶을 풍성하게 만들고 자신감을 키운다. 바로 도전해보자!

친하게 지내고 싶은 사람을 한 사람만 적어보자.

그 사람과 나의 관계는? (어떻게 아는 사이고, 언제 만나는가?)

그 사람과 어떤 주제로 이야기를 할 수 있을까?

그 사람과 이야기할 때 나의 태도는 어떠할까?

만약 친하게 지내고 싶은 사람이 주변에 없다면, 새로운 관계를 어떻게 찾
을 수 있을까?

자신 있게 거절해야
행복할 수 있다

'아니오'라고 말하는 건
왜 어려운가

앞에서 더 열린 태도로 행동하고 다른 사람과 더 나은 관계를 맺을 수 있는지에 대해 알아보았다. 하지만 타인과의 관계에서 이는 한 부분에 불과하다. 관계 맺기에서 중요한 또 다른 면은, 타인과 일정 정도 거리를 두는 것이다.

요헨은 두 명의 자녀를 둔 가구공이다. 직장일과 집안일에 대한 부담으로 그는 매우 스트레스를 받고 있지만, 그가 직장과 가정에서 느끼는 기쁨도 그다. 요헨은 손재주가 뛰어나서 집안에 필요한 모든 것을 만들거나 고칠 수 있다. 더구나 남을 돕는 걸 마다하지 않기 때문에, 친구들이 새로 부엌을 고치거나 바닥을 새로 깔아야한다거나 정원에 도구를 넣어둘 작은 통나무집을 만들 때 항상도우러 갔다.

하지만 아내인 아니카가 둘째를 낳고부터 요헨은 항상 피곤하고지친 상태다. 지난주에 감기에 걸렸는데, 직장일과 집안일에 시달리느라 좀처럼 감기가 낫지를 않았다.

그런데 친한 친구인 토르스텐이 다음 주 토요일에 이사하는 걸도와줄 수 없겠냐고 물어왔을 때 요헨의 마음은 갈팡질팡했다. 그는 자신과 가족을 위해 토요일은 꼭 비워두고 싶었지만, 다른 한편으로는 토르스텐을 섭섭하게 하는 것이 마음에 걸렸다.

요헨에게 우선순위를 정할 때가 왔다. 자신의 건강과 가족을 위해 다른 사람의 부탁을 거절해야 할 시점이 온 것이다. 하지만 어떻게 이 상황에서 벗어날 수 있을까?

왜 '안 돼'라고 말하는 것이 그렇게도 힘든 것일까? 자신감이 부족한 사람들은 타인과의 관계에서 적당히 거리를 두는 데 어려움을 느끼는 경우가 많다. 그들은 면전에서 다른 사람에게 모욕을 주느니 차라리 자신의 이익과 필요한 것을 내세우지 않으려 한다. 자신감이 없는 사람들에게는, 어떤 요구나 부탁을 받는 순간 '아니오'라고 말하지 '않는' 것이 가장 쉬운 해결책이다. '아니오'라고 밀며 거리를 두는 것은 매우 힘든 일인데, 거길힌 후 지칫

하면 자신도 개운치 않은 기분이 되거나(상대를 곤경에 빠트린 것처럼 느끼는 등) 혹은 거절한 후에 생기는 갈등을 풀어야만 하는 상황이 발생하기 때문이다. 그리고 부정적인 결과(요헨의 경우 피곤하고 힘든 주말)는 금방 지나간다. 그래서 사람들은 단기적으로 쉽지만, 장기적으로는 바람직하지 않은 길을 선택하게 된다.

확실하게 경계를 그어야 할 필요가 있는 그런 전형적인 상황을 생각하고, 그 상황에서 당신이 느끼게 될 감정 속으로 빠져보자. '아니오'라고 말하지 못하는 순간 어떤 기분이 들까? 장기적으로 봤을 때 어떤 일이 생길까? '아니오'라고 말하지 못해서 생기는 결과를 언제 감지하게 되며, 그 순간 어떤 기분이 들까? 바로 그때 자신 있게 상대에게 '아니오'라고 말하는 걸 상상해보자. 그 상황이 어떻게 느껴질까?

'아니오'라고
해야 하는 순간

어떤 상황에서 반드시 '아니오'라고 해야 하는지, 어떤 상황에서 '예'라고 말해도 되는지 판단하는 건 쉽지 않다. 결국 당신은 남에게 친절하다는 인상을 주고 싶고, 호의를 베풀고 싶고, 서로 대립하는 상황을 피하고 싶은 것이다. 혹은 그 상황에서 '아니오'라고 밀해도 되는 것인지 확신이 없을 수도 있다. 아니면 모든 것이 지나치다고 느껴지는 순간에도 책임을 다해야 한다고 생각할지도 모른다. 예를 들어 여러 명의 자녀들이 동시에 아플 때처럼 말이다. 그러나 다음의 상황에서는 좀 더 단호한 태도로 '아니오'라고 말할 수 있어야 한다.

반드시 '아니오'라고 외쳐야 할 때

- 이용당하고 있을 때(육체적·정신적)
- 괴롭힘을 당할 때
- 한 번도 보상을 받은 적이 없을 때
- 자신의 능력으로는 벅차다고 느낄 때
- 부당하게 취급당할 때
- 몸이 이상 신호를 보낼 때 (통증을 느끼거나 체력이 바닥난 경우)

만약 더 자주 '아니오'라고 말해야 한다는 생각이 들면, '예'라고 대답했을 때와 '아니오'라고 대답했을 때의 단기적·장기적 결과를 구체적으로 써본다. 그래야만 '아니오'라고 말해야 하는 불편함을 감수할 동기를 발견할 수 있다. 앞에서 본, 가까운 친구가 휴일에 이사하는 걸 도와달라고 요청했던 요헨의 사례로 설명해보겠다.

	단기적	장기적
'예'라고 말할 경우	*장점*	
	· 사람들이 나를 좋아한다 · '예'라고 말하는 건 쉽다 · 죄책감을 느끼지 않는다 · 친구와 싸우며 내 입장을 변호하지 않아도 된다	· 사람들이 나를 좋아하게 될 것이다
	단점	
	· 자신에게 화가 난다 · 아니카가 싫어한다	· 아니카와 다투게 된다 · 건강에 무리가 간다 · 계속 몸에 무리가 가면, 곧 그 누구도 도와줄 수 없게 된다 · 주말에 아무것도 할 수 없다
'아니오'라고 말할 경우	*장점*	
	· 그게 내게 바람직하다는 걸 안다	· 가족을 위한 시간을 가질 수 있다 · 건강을 회복할 수 있다 · 토요일을 즐길 수 있다
	단점	
	· 스트레스를 받는다 · 친구의 마음이 상할까 봐 죄 책감을 느낀다 · 친구에게 변명을 해야 한다	· 친구가 실망하고 기분 나빠 할 것이다 · 평판이 하락할 것이다

이렇게 여러 측면에서 고민해보면, 친구나 지인으로부터 부탁을 받았을 때 거절하는 것이 왜 그렇게도 힘들었는지 이해할 수 있다. 요헨의 경우 '예'라고 대답하는 것이 단기적으로 훨씬 편하고 쉬웠기 때문이다. 그는 '아니오'라고 말할 때 느껴지는 그 불편한 감정을 피하고 싶은 것이다. 그러나 장기적인 관점에서 나타날 결과를 관찰했을 때 요헨이 더 자주 '아니오'라고 대답해야 할 필요성은 명확하나.

'아니오'라고 말했을 때 발생하는 결과 써보기

가장 최근에 주변인으로부터 부탁을 받았던 상황을 떠올린다. 그리고 수락했을 경우와 거절했을 경우의 장점과 단점을 직접 써본다. 당시에 스스로를 위해 어떻게 했어야 하는지 직접 생각해보는 연습이 될 것이다.

상황:

	단기적	장기적
	장점	
'예'라고 말할 경우		
	단점	
	장점	
'아니오'라고 말할 경우		
	단점	

매일 조금씩, 자신감 수업

명확하고도 현명한
거절의 전략

비록 더 자주 '아니오'라고 말하겠다
는 결론을 내렸어도, 이 결론이 현재 당신과 잘 지내고 있거나 당
신에게 중요한 사람의 마음을 지금 당장 상하게 해야 하는 걸 의
미하지는 않는다. 다행히도 적절한 거리를 둘 수 있는 여러 방법
들이 있다. 불본 결과를 잘 관찰해야 한다. 명확하게 거절했는데
도 그런 의사표현에 반응하지 않는 사람들도 있다. 그래도 실망하
거나 당황하지 말고 적당한 거리를 두려는 의사를 좀 더 확실히
표현한다.

타당한 이유와 상대방이 수용할 만한 구실　왜 '아니오'라고
말할 수밖에 없는지 상대방에게 설명하라. 요헨의 경우를 예로 들
면, "요즘에 감기가 심하고 몸이 많이 안 좋았어. 좀 쉬어야 할 것
같아." 혹은 "토요일에는 아이들과 함께 있기로 약속했어."라고 말
할 수 있다.

어떤 경우에는 특별한 이유 없이 그저 그 사람과 저녁을 보내는
것이 내키지 않을 수도 있다. 그럴 때는 궁색하지만 상대방이 납
득할 만한 거짓말을 하는 수밖에 없다("내가 토요일에 또 외출하면
아이들이 엄청 싫어할 거야.""토요일에 부모님 댁에 가기로 했어.")

거절한 이유에 대해 상대방과 의논할 필요는 없다. 또한 변명

해서도 안 된다. 거절의 이유를 말하는 건, 상대방이 무조건 거부 당했다고 느끼지 않기 위한 배려이지 허락을 구할 문제는 아니다. 명확하게 의사를 표현하면 그걸로 된 것이다!

유머   거절의 의사를 농담 속에 숨겨서 전달하는 건 어렵지 않다. 요헨의 경우를 예로 들면 "너도 알다시피, 내가 토요일에 5층 까지 네 세탁기를 옮기는 것보다 더 하고 싶은 일은 없어, 그런데 이번에는 진짜 하고 싶은 일을 할 시간이 없네."라는 식으로 말할 수 있다. 물론 농담과 유머도 상대방과 상황에 맞게 해야 한다. "이 모 소식을 도통 들을 수가 없어서 내 귀가 잘렸는지 확인해봤다니 까요." 하는 식의 농담은 어머니한테 그리 유쾌하게 들리지 않을 것이다.

감사합니다만 안 되겠어요   상대방에게 감사의 인사를 건네 며 아주 우아하게 거절의 의사를 표현할 수 있다. 이런 전략은 상 대방이 뻔뻔스러울 때 혹은 상대가 당신으로부터 무언가를 얻어 내기 위해서 당신의 비위를 맞추려는 경우에 특히 적절하다. 예를 들면 "저를 학부형 대표로 생각해주셨다니 정말 고마워요. 하지만 제게는 너무 과분한 일이에요." 하는 식이다. 이 방법을 친한 친구 에게 쓰는 것은 적절하지 않다.

상대방의 어려움 인정　　상대방이 처해 있는 상황을 인정하며 존중하고 이해한다는 걸 표현하라. 그러면 비록 당신의 논리에 설득력이 없더라도 상대는 당신이 이야기하는 거절의 의사를 자연스럽게 느끼게 된다. 말하자면 요헨은 친구에게 이렇게 말할 수 있다. "토요일에 이사를 도와줄 만한 사람을 찾는 것이 얼마나 어려운지 충분히 이해해, 하지만 내가 몸이 너무 안 좋아."

부정적인 감정 표현　　거절하는 것 때문에 얼마나 죄책감을 느끼고 불편한지를 설명하면 아무도 당신에게 계속 부탁하지 못한다. 예를 들어 "너를 도와주지 못해서 나도 정말 맘이 불편해. 하지만 내가 몸도 아프고 가족들도 생각해야 하는 입장이라서."라고 하면 상대가 더 이상 말을 꺼내기 힘들다.

대안 제시　　상대방의 요구를 거절했다고 그 사람을 위해 아무것도 할 수 없는 건 아니다. 요헨은 친구에게 이렇게 말할 수 있다. "토요일에는 정말 이사를 도와줄 수가 없어, 하지만 아니카와 함께 오후에 피자를 가져갈게. 그러면 네가 식사 준비 때문에 신경 쓰지 않아도 되잖아."

거절의 전략 선택하기

가장 최근에 주변인으로부터 곤란한 부탁을 받았던 상황을 다시 한 번 떠올린다.

당신은 어떻게 상대의 부탁을 거절할 것인가? 전략을 선택해보자. 그리고 구체적으로 당신이 상대에게 해줄 말도 적어보자.

내 주장을
더욱 가치 있게 만들기

공격성과
자신감의 차이

　　　　　　자신의 이익을 관철하려는 노력은 '아니오'라고 말하면서 단순히 거리를 두는 것보다 훨씬 적극적인 태도다. 이익이나 권리를 주장하는 건, 장기적으로는 긍정적인 결과에 집중하고 단기적으로는 불편한 감정을 각오한다는 측면에서 중요하다.

　자신의 의지를 끝까지 밀고 나가는 것이 항상 유쾌한 일만은 아니다. 스트레스도 받고, 반대 의견에 부딪치기도 하고, 때에 따라서는 갈등을 불러일으키기도 한다. 하지만 '아니오'라고 말할 때와 마찬가지로, 자신의 의지를 끝까지 주장하는 것은 자신의 권리와 이익을 가치 있는 것으로 만들기 위한 분명한 방법이다.

그런데 자신의 이익은 능숙하게 주장하지만, 다른 한편으로는 계속해서 다른 사람들이 불쾌하다고 느낄 만큼 공격적인 태도를 가진 사람들이 주변에 있을 것이다. 그런 사람들은 자신이 원하는 것을 끝까지 밀고 나가는 능력은 있어도, 함께 일하고 싶다고 느낄 만한 유형은 아니다. 따라서 자신감과 공격성의 차이가 뭔지 숙고해보는 건 의미 있는 일이다.

공격적으로 이익을 관철시킨다	자신감을 갖고 이익을 관철시킨다
자신만 옳다 하면서 타인의 의견은 평가절하하거나 무시한다	자신의 의견뿐만 아니라 타인의 의견도 고려한다
타인의 권리와 한계를 무시한다	타인의 권리와 한계를 존중한다
무례하고 불손하게 상대방을 무시하며 자신의 의견을 말한다	명확하고 정확하게 의견을 표현한다
상대와 타협할 생각을 하지 않는다	균형 잡힌 결정을 내린다
타인을 비난하고 위협하면서, 자신의 의도와 의지는 설명하지 않는다	자신의 주장에 대한 이유를 설명한다

케르스틴은 최근에 팀장이 되어 여섯 명의 팀원을 이끌게 됐다. 이미 5년 넘게 일해온 기존의 팀장들은 모두 자신의 방을 갖고 있었다. 그러나 케르스틴은 여전히 부하 직원들과 한 공간에서 일하고 있다. 그녀는 자신만의 사무 공간을 갖고 싶었기 때문에 이 상황에 대해 무척 실망했다. 더구나 다른 직원들이 전화통화를 많이 해서 그녀가 일에 집중하는 데 방해가 됐다.

그녀는 우선 상사를, 그리고 부서 최고 담당자를, 그다음에는 인사과를 찾아갔다. 그녀는 다른 팀장들이 누리고 있는 특권에 대해 언급하면서 자신도 방을 갖게 해달라고 요구했다. 그러나 유감스럽게도 최근에 상황이 많이 바뀌었다는 답변만을 들을 수 있었다. 당분간 케르스틴이 독립된 공간을 가질 가능성은 없어 보였다. 개인 공간을 갖고 있는 한 직원이 은퇴를 하면 그 방을 케르스틴에게 준다는 이야기가 오갔는데, 그 직원의 은퇴까지 최소 2년은 걸릴 것 같았기 때문이다. 케르스틴은 화가 났고, 그 문제를 크게 공론화했다. 얼마 후에 모든 사람들이 불쾌한 상황을 맞았다. 케르스틴은 자신이 원하는 것을 얻어내지 못했기 때문에, 그리고 인사과와 그녀의 상사는 케르스틴이 상황을 제대로 파악하고 있지 못하다고 느꼈기 때문이다.

자신감이 강하지만 공격적으로 보이지 않으려면 다음과 같이 행동했어야 한다. 케르스틴은 상사를 찾아가서 우선 승진에 감사하다는 인사를 한다. 그러고 나서 이렇게 말한다.

"팀장이 되고 보니 다른 팀장들이 모두 독립적인 공간을 갖고 있는 것이 업무상 도움이 되겠다는 생각이 들었어요. 저도 전화소리에 방해를 받지 않고 업무를 진행할 수 있다면 좋겠는데, 방법이 없을까요?"

이렇게 했더라면, 케르스틴이 매우 불편한 공간에서 업무를 하고 있다는 걸 상사와 인사과는 충분히 납득했을 것이다. 그리고 지금은 상황이 여의치 않지만 2년 안에 은퇴하게 될 동료와 타협점을 찾을 수도 있지 않았을까? 그는 1주일에 하루는 자택근무를 하고 있으니, 젊은 동료와 사무실을 같이 쓰는 걸 굳이 반대하지는 않았을 것이다. 또한 직원들 간의 여론도 훨씬 좋았을 것이다!

자신의 이익을 관철시키기 위해 필사적으로 노력했던 상황을 생각해보자. 만약 성과가 있었다 할지라도 관계가 손상됐다면 성공한 것이라고 볼 수 없다. 관계를 훼손하지 않으면서 자신의 이익과 원하는 걸 얻어내야 의미가 있다.

자신의 이익을 관철시키는 요령

특정한 상황에서 자신의 이익을 관철시키려면, 제일 먼저 다음의 질문들을 마음속으로 깊이 생각하거나 혹은 글로 써서 자신에게 명확하게 인지시켜야 한다. 1장에서 자신감을 나무에 견주면 내면의 자신감이 뿌리에 해당한다고 언급한 바 있다. 뿌리가 튼튼해야 강한 반대에 부딪쳐도 흔들리지 않는다. 그리고 튼튼한 뿌리를 가지려면 자신이 원하는 것이 무엇인지 명확하게 알아야 한다!

내 생각을 주장하기 전에 스스로에게 해야 할 질문

- 내 목적은 무엇인가? 무엇을 얻어내고 싶은가? 내가 원하는 것과 그 결과에 대한 상황은 어떤가? 2장 '자신감을 높이기 위한 구체적인 목표 세우기'를 참조해서 구체적이고 현실적인 목표를 세워보자.
- 나는 왜 그런 생각을 하고 있으며, 어떤 이유로 그것들을 가질 수 있다고 생각하는가? 당신의 요구가 정당하다는 것을 뒷받침할 만한 구체적인 논거들을 모아보자.

이 질문들에 대한 대답을 전부 적어본 후 다음에 제시하는 조언들을 이용해보자. 5장 '자신 있게 행동하기'에서 다룬 내용들과 많이 비슷하다. 왜냐하면 자신감이 있어야 자신이 바라는 것과 필요에 따라 대인관계를 만들어가고, 경우에 따라서는 타인의 생각에 반대하는 의사를 표현할 수 있기 때문이다. 5장을 다시 읽어보는 것도 추천한다.

내 생각을 주장할 때 주의해야 할 점

- 상대방의 눈을 똑바로 쳐다보고 그의 시선을 피하지 않는다.

- 몸을 똑바로 세우고, 턱을 들고, 양발을 바닥에 단단히 딛는다.

- 포지션에 주의한다. 상대방이 서 있으면, 당신도 앉지 말고 서서 이야기한다.

- 당신이 원하는 걸 명확하고 분명하게, 하지만 부드럽게 표현한다.

- 침묵을 견딘다. 자신의 논거들을 전부 얘기했다면 입을 다물어라. 그저 침묵을 견디기 불편하다는 이유로 횡설수설 말을 잇지 않는다.

- 상대방이 당신의 말을 끊지 않도록 한다. 당신은 끝까지 이야기할 권리가 있다. 상대방이 당신이 말하는 도중에 자신이 하고 싶은 말을 하더라도, 당신은 자신의 주장을 끝까지 말할 수 있어야 한다.

만약 자신이 없거나 자극이 필요하다면 바로 앞의 '자신 있게 거절해야 행복할 수 있다'를 다시 한 번 읽어보자. 거기 나오는 조언들은 특히 다른 사람의 의견에 반대해 자신의 의사를 주장할 때 적용할 수 있다.

모든 사람들이 원하지 않는 것을 하려 할 때, 남들이 자신을 좋아하지 않을까 봐 혹은 다른 사람들의 비위를 건드릴까 봐 두려워하는 사람들이 많다. 사람들이 당신에게 호의를 갖게 하고 그들과 좋은 관계를 유지하도록 애쓰는 건 당연히 중요하다. 그러나 누구가가 약간 불쾌한 기색을 보여도 그렇게 크게 신경을 쓸 필요는 없다! 한번 생각해보자. 당신은 다른 사람들을 성가신 존재라고 생각하나? 당신이 좋아하지만 가끔 당신을 성가시게 만드는 그런 사람이 주변에 있는가? 누구에게나 그런 사람이 있고 그건 지극히 정상적이다. 우리가 누군가와 함께 일을 하거나 함께 살 때 갈등이 생기고 때에 따라서는 그가 성가시다고 느낄 수도 있다. 그러나 그것이 전체 작업의 결과나 근본적인 관계에 문제가 되지는 않는다.

어떻게 하면 자신의 의사를 더 손쉽게 관철시킬 수 있는지에 대해서 여러 측면에서 생각해본 경험이 있을 것이다. 또한 위험을 감수해야 하는 것에 대해서 회의적인 입장을 취하기도 했을 것이다. 만약 그렇다면 사소한 몇 가지 시도를 해볼 필요가 있다. 마음에 들지 않는 물건을 반품한다거나, 시험착용을 해본다거나, 중요한 일은 아니지만 성가신 업무를 동료 직원에게 넘겨줄 수도 있다. 관철하고 싶은 이익이나 권리가 어느 지점에서 등한시되는지를 미리 가늠해볼 수 있을 것이다.

당신의 이익 관철시키기

당신이 성취해야 하는 것은 무엇이고, 그것을 성취하기 위해 어떻게 해야 하는지 아래 질문에 대한 답을 직접 써봄으로써 지혜로운 길을 찾아보자.

내가 원하는 것은 무엇인가?

예) 친구에게 채식주의자 식당에 가자고 한다.

나는 왜 이것을 원하는가?

예) 내 신념을 지키기 위해서다.

원하는 것을 성취하기 위해 누구에게 말해야 하는가?

예) 만날 때마다 고기만 먹자고 하는 친구.

솔직하게 말하면 어떤 결과가 생길까?

예) 잘 말하면 친구가 들어줄 것 같지만, 결국 만나는 횟수가 줄어들 것 같다.

말할 자신이 없다면 그 이유는 무엇인가?

예) 친구를 불쾌하게 만들고 싶지 않다.

Chapter 8

용기 있게 행동하기

마지막 장에서 왜 용기라는 주제에 대해 말해야 할까? 새로운 것에 도전하고 책임지려는 용기는 자신감과 매우 밀접하게 연결된다. 용기는 자신감의 원동력이자, 자신감의 결과이기도 하다. 내면적으로 강하고 자신감이 있다고 느끼면 익숙하고 친밀한 것을 벗어나 새로운 경험에 적극적으로 대응할 용기가 생긴다. 또는 새로운 경험을 할 때마다 자신감이 더 생기기도 한다.

왜 새로운 경험을
해야 하나

**새로운 것에 과감히
도전하기**

새로운 경험은 우리의 인격에 중요한 역할을 한다. 새로운 시각을 갖도록 함으로써 예전에는 알지 못했던 방법으로 인생을 직시하게 만든다.

게다가 새로운 경험을 통해 자신이 갖고 있던 완전히 새로운 모습을 발견하기도 한다. 예전에는 전혀 기대할 수 없었던 성격이나 능력, 개성이 새로운 상황에서 나타난다. 잠시 시간을 내 과거에 과감하게 용기를 냈던 순간, 혹은 위기 상황에서 능력을 발휘했던 때를 떠올려보지. 이시 했거니 지너기 대이났기나 직장을 옮겼거나 혹은 먼 외국으로 여행을 떠난 것처럼 중대한 결정을 내린 순간이면 좋겠다. 그러나 아주 사소한 일, 예를 들어 새로운 요리법으로 저녁을 준비하거나 문제가 있는 물건을 반품하거나 평소에 다니지 않던 길로 출근하거나, 혹은 평소에는 그저 참고 있었던 말을 대화 중에 입 밖으로 내뱉었던 그런 순간도 새로운 경험이라 할 수 있다.

그 순간 어떤 기분이 들었는지 기억하는가? 우선은 불안하고 걱정됐을 것이다. 하지만 그건 아주 정상적인 반응이다. 잠시 후에는 스스로를 신뢰할 수 있어서 아주 조금이라도 우쭐한 기분이 들었을 수 있다. 이것 또한 지극히 정상적인 반응이며, 그런 경우 자신이 자랑스럽게 느껴지는 건 당연하다! 새로운 경험을 할 때마다 당신은 자신의 삶에 의식적으로 책임감을 느끼고, 자기효능감을 얻게 되며, 결과적으로 원하는 방향으로 살아가게 된다. 삶이 그저 흘러가도록 지켜보는 대신, 삶 전체를 내가 바라는 대로 만들어가는 것. 그것이 자신감을 가졌을 때 얻을 수 있는 핵심적인 부분이다.

그러기 위해서는 자신의 습관 혹은 편안하고 익숙한 것을 어느 정도 포기해야 한다. 말하자면 걱정, 불안 혹은 긴장감과 같은 불편한 감정을 감수해야 한다. 누구라도 새로운 걸 시도할 때 그런 감정을 느낀다! 불안이 큰 걸림돌같이 느껴진다면 다음의 자신감 연습이 도움이 될 것이다. 내게 중요한 게 무엇이고 내가 무엇을 해야 하는지를 정확히 알게 되면 새로운 경험에 과감히 도전할 힘을 얻을 수 있다.

과감하게 하고 싶은 새로운 일을 적어보기

착한 요정이 다가와서 요술지팡이로 모든 두려움과 불안을 없애준
다면 당신은 기꺼이 무엇을 할 것인가? 자유롭게 적어보자.

예) 파티에서 남들이 쳐다보든 말든 미친 듯이 춤을 출 것이다.

_____

_____

_____

자신감 있는
대담한 시도

필자들은 환자들에게 일부러 일상생
활에서 새로운 것을 시도하도록 권유한다. 익숙한 일상을 깨고 나
와 새로운 상황에 자신을 맡기고 싶은 욕구를 깨우려는 의도다.
자신감을 키우려면 평소 하지 않았을 행동을 의식적으로 해봐야
한다. 이 모든 것을 하나의 놀이처럼 관찰하고, 무슨 일이 일어나

는지 탐구하기 위해 일부러 일을 벌이는 연구자의 호기심 어린 자세를 가져보자.

이제 더 이상 보호막 안에 주저앉지 말고 새로운 것에 도전할 시간이 됐다! 무엇에 도전해볼 것인지 생각했는가? 자부심과 자신감을 강화하도록 자극할 만한 몇 가지 일을 추천하려 한다. 자신에게 적합하고, 위의 약속들을 완성할 수 있는 걸 고르자. 믿을 만한 친구에게 자신의 계획에 대해 빨리 말하지 못해 안달이 났는가? 일단 너무 거창하거나 파격적이지 않게 작은 일부터 시작해서 차근차근 단계를 밟아가고, 자신의 내면에 움츠리고 있는 새로운 경험에 대한 호기심을 깨워보자.

새로운 취미　　　새로운 취미를 가지는 건 흥미로운 시도다. 그 취미를 통해서 새로운 일이 위협적으로 느껴지지 않는 경험을 할 수 있고, 자신도 몰랐던 재능을 발견할 수도 있기 때문이다. 그렇게 새로운 느낌, 사람들, 경험에 열린 마음을 갖고 천천히 자신감을 얻는 걸 배우게 된다. 취미의 종류는 중요하지 않다. 지금 살고 있는 지역의 달리기 모임에 가입해도 좋고, 창작수업에 등록하거나 합창단에 들어가보자.

새로운 배움　　　새로운 걸 배우는 건 새로운 경험의 핵심이다. 무엇을 배우든 무조건 자신감을 강화시키는 데 도움이 된다. 어쩌면 문화센터나 학원에 정식으로 등록하는 것이 부담스러울지도 모른다. 다행히도 이런 사람들을 위해 요즘에는 인터넷에 수많은 무료 프로그램이 있어서 정식으로 등록하기 전에 충분히 검토할 수 있다. 외국어, 뜨개질, 행글라이더, 요리, 악기 외에도 배울 건 많다. 아니면 이미 다룰 줄 아는 카메라의 사용설명서를 다시 읽어보며 새로운 기능을 익히는 것도 좋은 경험이 된다. 가장 좋은 건 새로 알게 된 지식을 실제로 활용하는 것인데, 그 자체가 또 다른 시도가 된다!

새로운 시도 취미나 배움은 평소에 어느 정도 관심이 있는 범위 내의 것을 시도하기 마련이다. 이에서 벗어나 자신이 흥미를 느낄 거라고는 '상상도 못했던' 것을 해본다. 관심을 가질 거라고 생각도 하지 않았거나 특별히 잘 아는 분야의 활동이 아니면 더 의미 있는 경험이 된다. 운동을 해야겠다고 한 번도 생각한 적이 없었다면 호신술 강습교실에 가보자! 알고 보니 내가 자연을 좋아하는 하이킹 마니아일 수도 있다! 아니면 시간이 아주 오래 걸리는 요리는 어떨까? 이렇게 새로운 것을 시도하는 건 경험 그 자체가 중요하기 때문이지, 꼭 평생 동안 즐길 취미를 찾으려는 목적이 아니다.

외모 변화 자신감과 스타일은 아주 밀접한 관계가 있다. 외모는 자신이 다른 사람에게 어떤 모습으로 보이길 원하는지를 말해준다. 자신감이 부족한 사람은 사회 통념에 어긋나지 않는 평범한 외모를 추구하고 눈에 띄지 않기를 원한다. 그래서 좀 더 눈에 띄는 화려한 옷차림을 하거나, 평소와는 다르게 화장하거나 헤어스타일을 바꾸는 건 매우 좋은 시도다.

또한 난도에 따라 단계별로 시도해볼 수도 있다. 예를 들어, 백화점에서 아주 화려한 옷을 입은 후 잠깐 2분 징도라도 틸의실에서 나와 상점에 있는 다른 사람들에게 의견을 물어보는 걸 첫 단계로 시도해본다. 그다음 단계로는 혼자서 카페에 갈 때 색다른 옷차림을 하는 것이다. 그래서 너무 어색하지 않았거나 괜찮았다고 생각되면, 다음에는 새로운 옷차림으로 출근한다!

다른 사람과 관계를 (다시) 맺기   모르는 사람과 새로운 인간관계를 맺거나 지인들과 더 깊은 관계를 가져보려고 적극적으로 노력해보자. 이는 자신에게 매우 유용한 새로운 경험이다. 몇 달 혹은 몇 년 동안 만나지 않았던 사람에게 전화를 걸고, 식사에 초대를 하거나 만나기로 약속할 수도 있다. 혹은 일상생활에서 자주 마주치면서 한번 사귀어봤으면 좋겠다고 생각했던 사람에게 말을 건다.

훌쩍 떠나보기   목적지를 정하지 않고 그저 훌쩍 떠나보는 것도 아주 좋은 경험이다. 마침 오늘 시간이 많다면? 깊이 생각하지 말고 떠나보자. 자동차, 지하철, 버스…… 혹은 정처 없이 걸어보자. 어떤 식이라도 좋다!

혼자서 해보기　　자신감이 부족한 사람은 누군가 동행하지 않으면 그냥 집에나 가는 게 낫겠다고 생각한다. 좀 더 자신감을 갖고 싶다면, 혼자 계획을 세우고 실천하는 것이 좋은 방법이 된다. 타인을 만나는 데 도움이 될 만한 힘과 자신에 대한 확신을 얻을 수 있다. 혼자 식당이나 카페에 가거나 시낭송회, 오페라 등에 혼자 가보는 건 아주 좋은 경험이 된다. 물론 항상 편안하고 유쾌한 기분은 아니겠지만, 자신의 행동 범위를 늘리고 좀 더 독립적으로 변하는 데 아주 유용하다.

다른 방법으로 문제를 해결해보기　　어떤 상황이나 문제에 직면했을 때, 평소에 하지 않았던 방법으로 접근하는 것은 그 자체가 좋은 훈련이 된다. 식사를 다 차려놓았는데 가족들이 제시간에 식탁에 앉지 않아서 짜증이 나는가? 대부분의 경우 가족들을 기다리느라 화가 날 것이다. 그러나 그렇게 식구들의 행동에 일일이 신경 쓰는 대신 혼자 편안하게 식사를 즐겨보자! 혹은 까다로운 일을 처리하며 난관에 부딪쳤을 때 혼자 끙끙대지 말고 주변 사람에게 도움을 청해보자.

새로운 경험이 긴장감을 줄 수는 있지만, 위협적이지는 않다는 걸 깨달아야 한다. 이때 이런 색다른 시도를 하며 기분이 좋았는 지 그렇지 않았는지에 따라 그 가치를 평가하지 않도록 주의하자. 대신 힘들고 낯선 상황을 잘 견뎌낸 것, 한 번도 생각지 못했던 일 에 도전할 용기를 낸 것까지 모두 평가해보자. 모든 일이 순조롭 게 진행됐다면 그것이야말로 무척 놀랄 만한 일이다. 그렇게 쉬운 거였다면 분명히 진작 해봤을 테니 말이다!

이런 시도들을 행동으로 옮기면 '내면의 비평가'(6장 참고)가 내 는 목소리의 배경을 알아낼 수도 있다. "힘든 상황이라면 난 견디 지 못할 거야." "완벽하게 해내야만 해." "모든 걸 내가 조절해야 해."와 같은 생각들을 왜 하게 됐는가? 몇몇 시도들은 자신의 확고 한 믿음을 없애는 중요한 경험이 될 것이다. 예를 들면, 주머니에 잔돈을 잔뜩 넣고 은행 창구에 지폐로 바꾸러 간다(가장 바람직한 상황은 줄이 길게 늘어서 있을 때다). 이런 상황은 정말 곤란하고 힘 들게 느껴지겠지만, 약간의 유머로 곤란한 상황을 잘 견뎌낸 경험 이 될 수도 있다. 그것이 왜 중요한지 궁금한가? 이유는 간단하다. 일어날지도 모를 곤란한 상황을 걱정하느라 원하는 걸 하지 못하 는 경우를 막으려는 것이다!

용기를 위한
내면 보고서 써보기

내 마음을 다잡는
용기를 위한 내면 보고서

　　　　　　　　자신감 있게 하고 싶은 것을 골랐는
가? 그렇다면 자신을 자극하고 연습의 난도를 스스로 조절하기
위해 용기를 위한 내면 보고서를 작성해보는 것이 도움이 된다.

내면 보고서는 자신감 있게 하고 싶은 일을 하기 위해 적어보는
연습지다. 이 일을 할 때 벌어질 최고·최악의 상황을 예측해보고,
그럼에도 이 일을 꼭 해야만 하는 이유, 나를 방해하는 내 마음가
짐, 내게 도움이 되는 생각 등을 빠짐없이 적어보면 실제로 일을
하는 데 큰 도움이 된다. 또한 실제로 일을 한 후에 '배운 점'을 적
음으로써 내면 보고서는 완성된다. 내면 보고서를 하나 완성할 때

마다, 그 일이 성공했든 실패했든 당신에게 큰 자산이 될 것이다.

1장에 소개됐던, 남자와의 관계가 서툴렀던 안나의 예시를 통해 용기를 위한 내면 보고서를 작성하는 법을 알아보자.

안나는 이제 용기를 내 적극적으로 남자친구를 사귀겠다고 결심했다. 일상생활에서 적당한 연애 상대를 구하기가 쉽지 않다는 걸 잘 알고 있기 때문에 결혼정보회사에 등록을 했다. 그녀는 예전부터 결혼정보회사에 등록하는 걸 권유한 친구 카챠와 함께 결혼정보회사를 찾아가 등록을 완료했다.

안나는 아무도 자신에게 관심을 갖지 않을 거라고 걱정할 필요가 없었다. 등록한 지 며칠 지나지 않아 몇 사람이 연락을 해왔다. 그중 몇 명은 매력적이지 않았지만 몇 명에게는 눈길이 갔다. 안나는 남자 세 명과 메일을 주고받았다. 그리고 벤이 만나자는 메일을 보내왔을 때 마음을 굳게 먹고 그 제안을 받아들였다. 얼마 전이었다면 그녀는 전부 거절했을 것이다. 다행히도 카챠가 곁에서 안나가 용기를 내도록 도와주었다.

벤과의 만남은 정말 유쾌했다. 비록 이성적으로 벤에게 끌리지 않았지만 특별히 불편하거나 부자연스럽게 느껴지지 않았다. 안나는 자신이 그런 용기를 냈다는 것에 자부심을 느꼈고 남자친구를 찾는 걸 포기하지 않겠다고 생각했다. 그리고 매우 만족하며 자신의 보고서를 마무리했다.

1. 지금 어떤 것을 용기 내 하고 싶은가?

- 사귀자는 제안이 들어오면 거절하지 않기. 그리고 늦어도 한 달 안에는 실제로 이성을 만나기.

2. 걱정이나 불안의 정도가 어느 수준인가?

(0: 불안하지 않다 / 100: 너무 불안하다)

- 50

3. 이런 생각을 할 때 자신이 없어진다.

- 난 따분한 인상에 매력적이지도 않다.
- 남자들은 모두 짧게 즐길 만한 여자만 찾는다.
- 남자친구 한 명도 없다니 스스로 참 초라하다는 생각이 든다.

4. 긍정적이고 도움이 되는 생각을 떠올려보자.

- 남자친구를 원하는 건 지극히 정상적이고 건강하다는 증거다.
- 교제를 주선해주는 상담소를 찾는 사람들이 매우 많다.
- 난 남자친구를 원하고, 이제 결혼정보회사 문을 두드리는 것도 마다하지 않을 것이다.

5. 일어날 수 있는 나쁜 일은?

- 내게 아무도 관심을 갖지 않는다.

- 내 마음에 들지 않는 남자들만 내게 관심을 보인다.

- 나를 썩 좋아하지 않는 남자를 만난다.

6. 왜 이런 위험을 무릅쓰면서까지 용기를 내려는 걸까?

- 모든 걸 시도해보지 않았다고 자신을 탓하고 싶지 않다.

- 나처럼 이성교제를 원하는 남자를 만날 기회가 있다.

- 남자친구가 없는 유일한 여자로 남고 싶지 않다.

7. 나쁜 일이 벌어진다면 다음과 같이 행동할 것이다.

- 악의적이고 빈정거리는 말에는 신경 쓰지 않는다.

- 아무도 나에게 관심이 없다면 그건 어쩔 수 없다! 하지만 곧바로 포기하지 않고 조금 더 용기를 내본다. 친구인 카챠가 반드시 나를 도와줄 것이다.

8. 잘되면 어떻게 일이 풀릴까?

- 내 마음에 드는 남자를 만날 수 있다.

- 남자들을 어떻게 대하는지 연습할 수 있다.

- 남자를 만나고 싶어서 몸이 근질근질할 것이다!

9. 용기를 내느라 노력한 것에 스스로에게 상을 주고 싶다면?

· 낯선 일을 하느라 긴장했으니 하루 정도 휴가를 내서 혼자 스파에 간다.

10. 이 상황에서 나는 무엇을 배웠나?

(최악이건 최선이건 관계없이 / 모든 일이 진행된 후 작성)

· 난 남자들과 사귈 수 있다.

· 내 감정과 남자를 보는 안목을 신뢰할 수 있다.

· 남자들이 나에게 관심이 없지 않다는 사실을 알았다.

· 나와 맞을 만한 사람을 찾기까지 어쩌면 긴 호흡이 필요할지도 모른다.

삶에 어떤 변화를 원하거나 새로운 것에 도전하고 싶다면 그 길에 놓일 수 있는 가장 커다란 함정, 즉 쉽게 포기해버리는 마음을 계속 지켜보며 감시해야 한다. 변화는 힘든 일이다. 모든 것이 단숨에 완벽하게 진행되지 않기도 하고 때로는 후퇴하기도 한다. 계획대로 되지 않을 때 대부분의 사람들은 목표와 꿈을 너무 쉽게 포기하고 이 때문에 좌절한다.

벤과의 만남이 정말 최악이었다면 안나에게 무슨 일이 벌어졌을까? 그 남자가 전혀 매력적이지 않았거나 부담이 될 정도로 뻔뻔한 스타일이었다면? 혹은 안나에게 퇴짜를 놓았다면 어땠을까? 남자친구를 사귀는 걸 금방 포기했어야 했을까? 당연히 그래서는 안 된다! 한 번 운이 없었다고 해서 그렇게 중요한 목적을 손쉽게 포기하면 안 된다.

설령 결과가 나쁘더라도 용기를 내서 무언가에 도전하는 자체가 중요하다. 적어도 용기를 낸 것에 대해 스스로 우쭐하는 마음이 생긴다. 최소한 무엇이 잘못됐는지 알 수 있고, 다음에는 다른 방법으로 접근할 수 있다는 걸 알게 될 것이다. 어쨌건 그 과정에서 자신에 대해, 혹은 주변에 대해 무언가를 배우게 될 것이다!

하루 5분, 자신감 연습 31

용기를 위한 내면 보고서 작성하기

안나의 내면 보고서를 잘 읽어봤다면 당신의 내면 보고서를 작성하는 일이 어렵지는 않을 것이다. 새로운 일을 하기 전에 1번부터 9번까지 꼼꼼히 작성해보고 내 마음과 장애물을 살펴본다. 10번은 일을 다 마친 후, 혹은 일이 어느 정도 진행돼서 결과가 보일 때 작성한다.

1. 지금 어떤 것을 용기 내 하고 싶은가?

2. 걱정이나 불안의 정도가 어느 수준인가?

(0: 불안하지 않다 / 100: 너무 불안하다)

3. 이런 생각을 할 때 자신이 없어진다.

4. 긍정적이고 도움이 되는 생각을 떠올려보자.

5. 일어날 수 있는 나쁜 일은?

6. 왜 이런 위험을 무릅쓰면서까지 용기를 내려는 걸까?

매일 조금씩, 자신감 수업

7. 나쁜 일이 벌어진다면 다음과 같이 행동할 것이다.

8. 잘되면 어떻게 일이 풀릴까?

9. 용기를 내느라 노력한 것에 스스로에게 상을 주고 싶다면?

10. 이 상황에서 나는 무엇을 배웠나?

(최악이건 최선이건 관계없이 / 모든 일이 진행된 후 작성)

두려움을 받아들이고
극복하는 법

두려움을
수용하는 용기

4장에서 다뤘던 수용이란 주제를 떠올려보자. 이 개념은 새로운 것을 시도할 때도 중요한 역할을 한다. 많은 사람들이 자신에게 익숙한 생활 방식을 바꾸거나 낯선 길에 발을 들여놓는 걸 주저하고 걱정한다. 완전히 만족하지는 않지만 그래도 편안하다고 느끼는 '안전한 울타리'에서 나오기가 두려운 것이다. 새로운 것, 낯선 것에 대한 두려움 뒤에는 실수를 하지는 않을까 혹은 현재 상태가 위험해지는 건 아닐까 하는 걱정이 도사리고 있다.

걱정이나 두려움을 내 개성으로, 꼭 필요한 일부분으로 받아들이자. 그저 떨쳐내려 하지 말고, 두려움 혹은 걱정에도 '불구하고' 변화를 시도하도록 의식적으로 판단하고 행동하자.

물론 이런 걱정과 두려움들을 그냥 지나치거나 무시하면 안 된다. 왜 두려운 것인지, 무엇이 걱정되는지 주의 깊고 신중하게 검토해야 한다! 신중하게 생각하고 행동하면 두려움이 가라앉는다. 그리고 두려움을 감수하고 첫걸음을 내딛을 때 비로소 두려움이 완전히 사라진다.

두려움이 내 삶을
방해하지 않게 하려면

살아가면서 무엇을 용기 내 시도해야 하는지를 앞의 '왜 새로운 경험을 해야 하나'에서 이미 말했다. 그래도 익숙하고 안전한 생활을 벗어나는 것이 두렵다면, 다음에 소개하는 요령들을 잘 읽고 마음에 새긴다. 두려움을 극복하는 데 도움이 될 것이다.

끝까지 생각하기 상상으로라도 불안한 마음에 매달리지 말고 일단 마음 먹고 시작한 것에 대해 끝까지 곰곰이 생각해보자. 실패했을 때 가장 최악의 경우 무슨 일이 일어날까? 어쩌면 당신은 웃음거리가 될지도 모르고, 결과에 대해 실망할 수도 있고, 다른 사람과의 관계가 나빠질 수도 있다. 실패한 자신의 처지가 웃

기다고 생각될지도 모른다. 이런 좋지 않은 상황이 실제로 일어났을 때 그것은 당신 인생에 어떤 의미가 있을까? 이런 상황에 처했을 때 어떻게 행동해야 할까? 끝까지 생각해보면 그 와중에도 인생은 흘러갈 것이고, 당신은 어떻게든 자신의 길을 찾게 된다는 사실을 깨닫게 된다!

실패의 의미 생각하기   실패가 당신에게 어떤 의미를 지닐지 분명하게 따져보자. 실패를 새로운 시각에서 접근해보는 것이다. 실패를 했다고 인생에 재앙이 닥친 건 아니다. 오히려 배움의 기회일 수도 있고 목표를 향한 길을 걷는 것일 수도 있다! 사실 실패에서 배울 수 있는 건 많다. 예전이라면 지금 알고 있는 것과는 다르게 행동했을 거라는 생각이 들 것이다. 그래서 모든 실패는 미래를 위해 매우 유용한 정보가 된다.

얻을 수 있는 것 생각하기   잃어버릴 수도 있는 것에 대해서 너무 깊이 생각하지 말자. 나중에 실망하지 않기 위해서 가능한 한 좋지 않은 결과를 상상하려 애쓰는 사람들이 많다. 이건 정말 바람직하지 않다! 그저 걱정만 많아지고 불안해지며 염세적으로 될 뿐이다. 스스로가 인생을 무겁게만 만들지 말자. 그 대신 무엇을 얻을 수 있는지를 생각하자 용기를 내서 도전한 것에 성공해서, 언젠가는 원하는 걸 실제로 이룰 수 있다는 걸 염두에 두자. 그러는 편이 훨씬 인생에 도움이 된다.

내 권리 인지하기   불안한 마음과 걱정 때문에 확실하게 손에 잡힐 것 같은 가능성과 경험을 포기하는 건 정말 화나는 일이 아닐까? 누구나 자신이 생각하는 대로 살아갈 권리가 있다. 이렇게 화가 나고 분노가 치밀어 오르는 상황을, 새로운 전략을 세울 수 있는 동력으로 이용하자. 당신이 포기하고 주저앉는다고 해서 당신에게 고마워할 사람은 없다.

성공 생각하기   6장에서 내면의 비평가에 대해 다뤘다. 이 비평가는 부정적인 것, 최선이 아닌 결과에 모든 주의력을 집중하게 만든다. 그에 맞서 이미 이뤄낸 모든 것을 떠올려보자. 종이에 하나하나 적으면 더욱 좋다. 내면의 비평가가 모든 노력을 아무것도 아닌 걸로 만들도록 내버려두지 말자. 그저 겸손하게 자신의 재능과 지혜를 감출 이유는 없다!

완벽주의 따위는 던져버리기   새롭게 시도하는 일을 완벽하게 해야 한다고 생각하느라 늘 걱정에 시달리는 사람들이 의외로 많다. 주로 자신감 없는 사람들이 모든 것을 제대로 해내야만 한다고 여기는데, 안타깝게도 완벽주의는 목표를 이루는 데 결코 도움이 되지 않는다. 어떤 식으로든 새로운 것을 시도하는 데 방해가 될 뿐이다. 그 누구도 처음 하는 일을 완벽하게 해낼 수는 없다! 실제로 해보면서 배우는 게 최선이며, 이 과정에서 당연히 실수는 하게 마련이다.

멘토 찾기　　새로운 걸 시도하는 게 정말로 두렵고 걱정이 된다면 좋은 모델이 될 만한 사람을 찾아보자. 친구나 지인 중에 당신이 해보려는 것에 용기를 내 도전했던 사람은 없을까? 그 사람은 어떻게 했을까? 가능하면 이 멘토의 모습을 자신의 것으로 만들어보자. 그 모든 걸 그저 연극이라 생각하고, 자신감 넘치는 멘토처럼 행동해보자. 예를 들어 레스토랑에 가서 온갖 특별한 주문 사항을 요구하며 요리를 주문하게 될지도 모른다!

마지노선 만들기　　더 이상 바꾸거나 물러날 수 없는 상황을 만들자. 급여 인상을 요구하고 싶다면 상사에게 면담을 신청하는 메일을 보내자. 이미 보낸 메일을 거둬들일 수는 없다! 탱고를 배우고 싶다면 당장 댄스교실에 등록하자. 환불을 해주지 않을 것이다! 머리를 짧게 자르려고 했었다면 묶은 머리를 가위로 쏙 잘라보자. 헤어숍에 가지 않고는 못 배길 것이다! 돌이킬 수 없는 일들은 대부분 곤란한 상황을 만들지만, 어떤 일을 끝까지 하도록 돕기도 한다. 중간에 그만두지 않는다면 용기를 내서 도전하기가 훨씬 쉽다!

도움받기 자신감이 있다고 모든 일을 꼭 혼자서 처리해야 하는 건 아니다. 물론 혼자서 무언가를 해낸다는 건 가장 의미 있는 최고의 경험이다. 그렇지만 처음부터 어려운 일을 혼자서 척척 해내기는 어렵다. 여전히 걱정이 되거나 자신이 없으면 믿을 만한 사람의 도움을 받아보자. 예를 들어 외국 여행을 가고 싶은데 혼자서는 도저히 용기가 나지 않으면 친한 친구와 함께 가는 것이다. 하지만 이 친구에게 무조건 매달리지는 않도록 주의하자. 호텔을 직접 찾아가거나, 손짓 발짓으로 저녁을 주문해보자. 그러면 혼자 여행을 떠난 것보다 더 뿌듯할 것이다.

미래를 보기 시선을 미래로 향하면 훨씬 냉정해지고 확신을 갖게 된다. '오늘자 신문으로 내일자 물고기를 포장한다(미래를 내다보면 현재 준비해야 할 것을 알게 된다는 속담 — 옮긴이)'라는 말이 있다. 지금 스스로 용기를 낸다면 비록 최선의 상황이 아닐지라도 내일은 훨씬 진도가 나가 있을 것이고, 다음 주에는 마무리할 수 있을 것이다! 1년 후에 자신이 이 상황을 어떻게 생각하게 될지 상상해보자. 아무런 시도를 하지 않았기 때문에 상황이 더 악화됐다고 생각하게 될 확률이 높지 않을까? 이제는 안전한 보호막에서 나와 삶 속으로 과감히 뛰어들어야 할 때가 됐다.

"과감히 투쟁하는 사람은 패할 수도 있다. 그러나 투쟁도 하지 않는 사람은 이미 싸움에서 진 셈이다." 베르톨트 브레히트Bertolt Brecht 의 말을 기억하라. 용기를 내면 결과가 나쁘더라도 최소한 힘들고 쓰라린 경험이라도 얻게 된다. 그러나 아무것에도 용기를 내지 못하면 어떤 새로운 경험도 하지 못한다! 여기에서 말하고자 하는 핵심이 이것이다.

독일 대표 심리학 박사 지바우어·야코프와 함께하는

매일, 조금씩 자신감 수업

초판 1쇄 인쇄 2018년 4월 12일
초판 1쇄 발행 2018년 4월 19일

지은이 | 라우라 지바우어·기타 야코프
옮긴이 | 최린
펴낸이 | 金鎭珉
펴낸곳 | 북로그컴퍼니
편집부 | 김옥자·서진영·김현영
디자인 | 김승은·송지애
마케팅 | 이예지·김은비
경영기획 | 김형곤
주소 | 서울시 마포구 월드컵북로1길 60(서교동), 5층
전화 | 02-738-0214
팩스 | 02-738-1030
등록 | 제2010-000174호

ISBN 979-11-89166-00-7 03180

·시목始木은 북로그컴퍼니의 인문 교양 브랜드입니다. 지혜의 숲을 가꾸기 위한 첫 나무가 되도록
  한 권 한 권 정성껏 만들겠습니다.